Neapel – die lebendige Schönheit

Neapel ist eine Stadt voller Gegensätze. Einerseits verzaubert es durch sein geschichtsträchtiges Erscheinungsbild mitsamt den unzähligen Kirchen, Klöstern und Palazzi, die sich im prächtigen Zentrum befinden. Nur einen Katzensprung vom pulsierenden Herz der Stadt entfernt liegen außerdem die entspannteren Viertel entlang der atemberaubend schönen Küstenlinie, von denen sich viele die Hügel hinaufziehen und die immer wieder neue Blicke auf das Meer bieten. Doch andererseits ist Neapel auch eine problembelastete Metropole: Müll und organisierte Kriminalität sind die häufigsten Schlagworte, die man zu Ohren bekommt, aber auch das sehr große Gefälle zwischen Arm und Reich, die Verkehrsbelastung und nicht zuletzt die ständig drohende Gefahr durch den Vesuv 36 und die ebenfalls vulkanisch aktiven Phlegräischen Felder (s. S. 64) machen das Leben hier nicht einfach.

Gerade dieser zweischneidige Charakter, dieses urban-chaotische Yin-und-Yang, macht die Stadt so spannend und ermöglicht ihr, sich – geradezu in einer Antithese zu ihrem historischen Baubestand – immer wieder neu zu erfinden. Dies ginge natürlich nicht ohne die pragmatisch-kreative Flexibilität und die unbändige Lebensfreude, mit der die Einheimischen den Schwierigkeiten des Alltags seit Generationen entgegentreten. Auch wenn die Nachwirkungen der Coronakrise noch allgegenwärtig sind, so blickt man in Italiens drittgrößter Stadt, wie eigentlich schon immer, voller Optimismus und ungetrübter Zuversicht in die Zukunft. Und wie eh und je zelebriert man in den Bars und Cafés, in den Trattorien und Pizzerias, aber auch an der Uferpromenade (s. S. 55), in den Gassen der Altstadt und auch sonst überall das Dolce Vita.

Der Autor

Daniel Krasa, geb. 1976 in Österreichs Hauptstadt Wien, verbringt trotz seiner langjährigen Aufenthalte im Nahen Osten, Südamerika und vor allem Indien, Südostasien und Japan auch gerne regelmäßig Zeit in Bella Napoli. In der Hauptstadt der Pizza und der Sfogliatella hat er schon so manche Kalorie zugelegt und ihn reizen die vielen Gegensätze und die erstaunlich lebensbejahende Mentalität, mit der die Bevölkerung dem oft komplizierten Alltag die Stirn bietet.

Im Reise Know-How Verlag liegen von ihm mehrere Bände in der Kauderwelsch-Reihe, die CityTrips Wien, Frankfurt, Graz, Tel Aviv und Thessaloníki sowie die Reiseführer Österreich und Ibiza mit Formentera vor.

091nl Abb.: dk

Neapel auf einen Blick

Cleveres Nummernsystem
Die Sehenswürdigkeiten sind im Text und im Kartenmaterial mit derselben **magentafarbenen ovalen Nummer** ❶ markiert. Alle anderen Lokalitäten wie Geschäfte, Restaurants usw. tragen ein **Symbol und eine fortlaufende rote Nummer** (1). Die Liste aller Orte und die Zeichenerklärung befinden sich im Anhang.

🦋 Der Schmetterling ...
... zeigt an, wo man Angebote im Bereich des nachhaltigen Tourismus findet.

Bewertung der Sehenswürdigkeiten
★★★ nicht verpassen
★★ besonders sehenswert
★ wichtig für speziell interessierte Besucher

Planquadrat im Kartenmaterial
[A1] Orte ohne diese Angabe liegen außerhalb unserer Karten. Ihre Lage kann aber wie die aller Ortsmarken mithilfe der begleitenden Web-App angezeigt werden (s. Anhang).

Vorwahlen
- für Italien: 0039
- für Neapel: 081 (muss auch innerhalb der Stadt mitgewählt werden)

Updates zum Buch
www.reise-know-how.de/citytrip/neapel23

Achtung Baustelle!
Bis voraussichtlich **Ende 2025** befindet sich das Nahverkehrsnetz Neapels im Umbau. Bus-, Straßenbahn- und Metrolinien werden erweitert, umbenannt und es werden teilweise neue Haltestellen angelegt. Dadurch kann es vielerorts zu Fahrplan-, Linien- und Streckenänderungen kommen.

☒ *Antike Ruine in Pompeji 35*

NICHT VERPASSEN!

1 Duomo di San Gennaro [G2]
Neapels bedeutendster Sakralbau ist dem Schutzpatron der Stadt gewidmet und spiegelt wie kaum ein anderer Ort am Fuß des Vesuv die Geheimnisse längst vergangener Epochen wider (s. S. 14).

8 Cappella San Severo [F2]
In diesem Schmuckstück des neapolitanischen Barock befinden sich die Steinmetzarbeiten verschiedener Künstler des 18. Jahrhunderts (s. S. 23).

14 Via Toledo [E4]
Bummeln, Shoppen oder Flanieren? Die teils verkehrsberuhigte Hauptgeschäftsstraße der Stadt ist zu jeder Tages- und Nachtzeit einen Besuch wert (s. S. 30).

25 Museo Archeologico Nazionale [F1]
Das Archäologiemuseum birgt eine einmalige Sammlung an Artefakten aus ganz Süditalien, darunter berühmte Funde aus Herculaneum und Pompeji (s. S. 47).

27 Museo Nazionale di Capodimonte [eh]
Willkommen in einem der bedeutendsten europäischen Kunstmuseen. Hier befinden sich Gemälde aus der Zeit vom Mittelalter bis zur Moderne – inmitten des wohl schönsten Parks der Stadt (s. S. 50)!

28 Castel dell'Ovo [E7]
Die Aussicht auf Meer, Stadt und Vesuv macht einen Besuch zum Pflichtprogramm. Außerdem liegen die Anfänge Neapels an der Stelle, wo später die Normannen dieses Kastell bauten (s. S. 53).

34 Certosa di San Martino [D4]
Das ehemalige Kartäuserkloster bietet nicht nur wertvolle Kunstsammlungen, sondern auch einen spektakulären Blick über den Golf und die Stadt (s. S. 60).

35 Pompeji [Umgebung]
Als vor knapp 2000 Jahren der Vesuv ausbrach und die Stadt unter einer Asche- und Lavaschicht begrub, blieb hier gewissermaßen die Zeit stehen (s. S. 61).

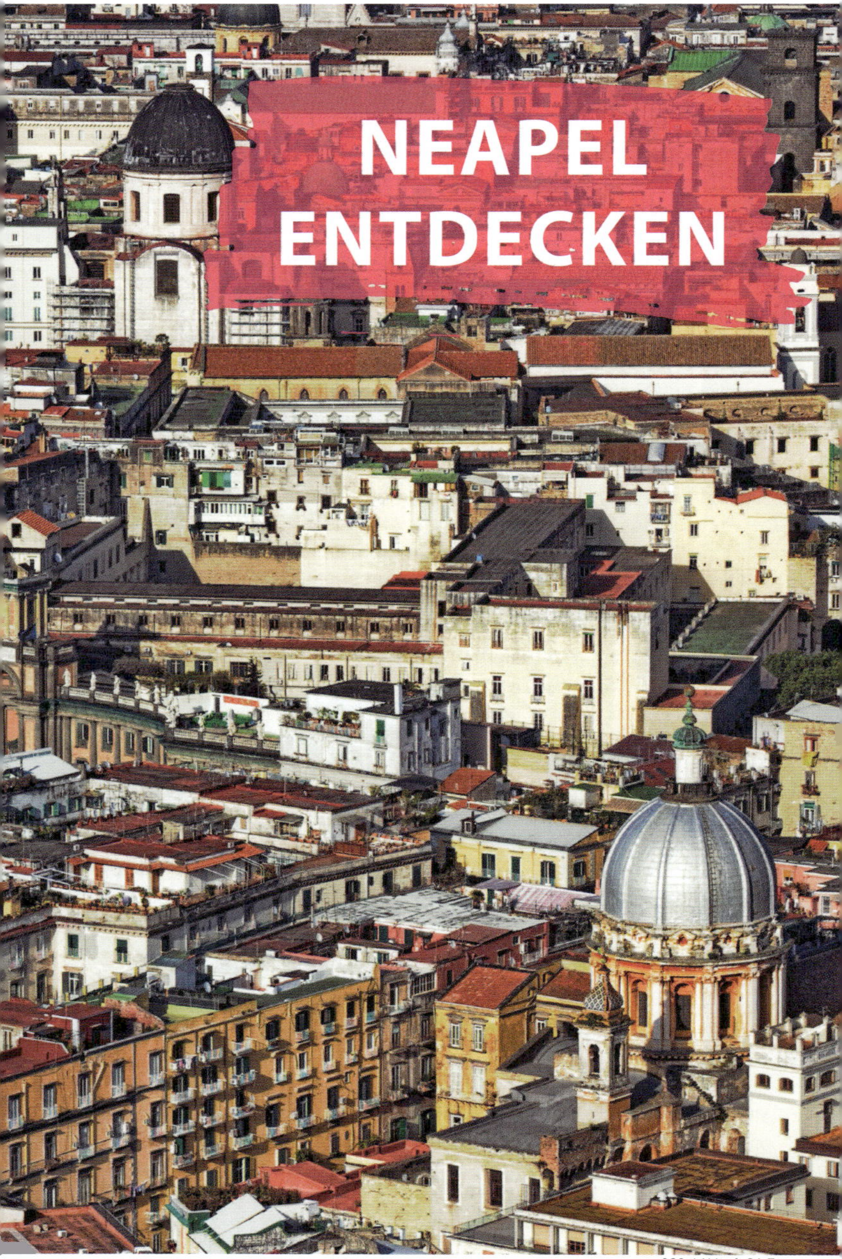

080nl Abb.: fo©ArTo

Willkommen in Neapel

Wer sich zum ersten Mal auf Neapel einlässt, wird von der Vielfalt der Stadt überrascht sein. Ob in der geschäftigen Altstadt entlang der ehemaligen römischen Verkehrsadern („Decumani") bzw. in den engen Gassen, aber auch im Centro Monumentale, im noblen Chiaia oder entlang des Lungomare verblüfft die Stadt am Vesuv mit ihren unterschiedlichen Stilepochen. Und auch Museen, Lokale, Bars, Cafés und Geschäfte sorgen praktisch überall für reichlich Abwechslung.

Das vielleicht authentischste, wenn paradoxerweise auch **ruhigste** und fast am wenigsten besuchte Viertel des **alten Stadtkerns** befindet sich südlich der Spaccanapoli genannten Hauptachse des *Centro Storico*. Man erreicht es z.B. über die Via Mezzocanone [F/G3] oder die Via Giovanni Paladino [G3]. Hier in unmittelbarer Nähe zur **Universität** liegt ein beschauliches und irgendwie romantisch anmutendes System aus kleinen Gässchen, das sich nach Osten hin auch jenseits des Corso Umberto I. fortsetzt. Wer sich parallel zur Küste durch das enge Straßengeflecht in Richtung der **Piazza del Mercato** [H3] bewegt, erkundet dabei einen höchst interessanten Teil Neapels. Sieht man von dem angesprochenen Corso und der Via Grande Orefici mit ihren Goldschmieden und Juwelierläden ab, gibt es hier kaum kommerzlastige Infrastruktur, sondern das Viertel zeichnet sich eben durch seine **verhältnismäßige Ruhe** aus. Doch keine Sorge, dies ändert sich schnell, wenn man nach einem Besuch der **Chiesa di Santa Maria del Carmine** ㉓ über die Via Lavinaio nach Norden läuft. Ab hier beginnt ein durch seine vielen ausländischen Anbieter orientalisch anmutender Shoppingdistrikt, der an der **Piazza Garibaldi** ㉔ endet.

Und wo beginnt das **„authentische" Neapel?** Natürlich findet man dies an mehreren Orten, einer der eindrucksvollsten ist jedoch das nordwestlich der Piazza Garibaldi gelegene Viertel **Sanità** (ab Garibaldi mit der Metrolinie M2 eine Station bis Cavour). Zwar mögen sich hier die Sehenswürdigkeiten, sieht man von den **Palazzi von Ferdinando Sanfelice** (s. S. 51) und den **Catacombe di San Gennaro** ㉖ ab, nicht so türmen wie in der Altstadt oder im Centro Monumentale, doch ist es gerade das prickelnde Leben in den Wohngebieten der Sanità, das diesen Teil der Stadt so ein-

☒ *Vorseite: Über den Dächern von Neapel*

zigartig macht. Am besten merkt man dies in der Via dei Vergini [F1], der Via Santa Maria Antesaecula oder der Via Sanità [di] und den angrenzenden Gässchen.

Zu viel des Trubels? Wie wäre es dann mit einer **geruhsamen Promenade** durch den noblen Vorort Mergellina am südwestlichen Ende des Golfs von Neapel? Zu erreichen ist er von der Station Cavour aus mit der Metrolinie M2 nach gerade mal drei Stationen. Bei einem Spaziergang in der näheren Umgebung des Hafens **Porticciolo di Mergellina** 31 sollte man sich einfach treiben lassen, denn es ist die so erfrischend unprätentiöse Atmosphäre, die diese Gegend einzigartig macht. Vielleicht möchten Sie ja z. B. in der Enoteca Sermoneta (s. S. 93) etwas über **kampanische Weine** erfahren, beim Chalet Ciro (s. S. 81) am Jachthafen in den Genuss hervorragender Eissorten und Süßspeisen kommen oder in der Antica Latteria D'Angelo (s. S. 93) regionale Käsesorten und Büffelmozzarella probieren? Wem eher nach einer Verschnaufpause ist, der sollte im netten kleinen Café Agrillo (s. S. 81) einkehren, und wer bei Cibi Cotti (s. S. 56) in der kleinen Markthalle namens **Mercato della Torretta** (s. S. 95) an der Via Ferdinando Galiani zu Mittag isst, dem ist ein urneapolitanisches Erlebnis garantiert. Mit Abschluss dieser kleinen Rundgänge kann man getrost behaupten, dass man die wichtigsten Impressionen der Innenstadt jenseits des Mainstream eingefangen hat.

☑ *Kein Gemälde! Der Blick über die Küste ist schlichtweg majestätisch.*

093nl Abb.: fo©lucio42

Kurztrip nach Neapel

Wer nur zwei oder gar nur einen Tag in Neapel hat, dem mögen die folgenden Vorschläge für einen ersten Überblick über die Metropole am Fuße des Vesuv dienen.

1. Tag: Neapel für Architekturbegeisterte und Geschichtsfans

Viele der Sehenswürdigkeiten Neapels befinden sich im Innenstadtbereich, weshalb auf einem **Spaziergang** (s. S. 12) durch das **Centro Storico** (s. S. 14), die Seele des historischen Neapel, gleich eine Vielzahl von Highlights besichtigt werden kann. Da ein Großteil der Altstadt Fußgängerzone ist, kann man den Spaziergang auch problemlos mit Kindern unternehmen. Es sollte jedoch angesichts der Pflastersteine auf gutes Schuhwerk geachtet werden.

Auch westlich der Altstadt, z. B. im Gassengewirr des Marktes **La Pignasecca** (s. S. 95) und in den angrenzenden **Quartieri Spagnoli** (s. S. 30) findet man das „typische" Neapel. Überdies gibt es hier viele Möglichkeiten, den mittäglichen Hunger zu stillen, so bei **Le Zendraglie** (s. S. 75) oder **Al 22** (s. S. 78). Auch die Geschäfte des Centro Storico, z. B. in der Via Benedetto Croce [F3] und der Via San Gregorio Armeno [G2], sind zu Recht beliebte Anziehungspunkte.

Nachmittags könnte man den **Lungomare** in Santa Lucia (s. S. 55) begehen und dabei dem **Castell dell'Ovo** 28 einen Besuch abstatten oder bei genügend Sonne ein Plätzchen zum Entspannen entlang des Ufers finden. Wer Action möchte, sollte ins südwestlich gelegene Posillipo aufbrechen, um die **Villa Pausilypon** 32 zu besichtigen oder am **Borgo Marechiaro** (s. S. 58) dem Badespaß zu frönen. Alternativ könnte ein Besuch von **Pompeji** 35 auf dem Programm stehen.

Zum abendlichen Festschmaus empfehlen sich für Liebhaber der neapolitanischen Küche diverse Lokale in Chiaia wie u. a. das **Da Tonino** (s. S. 75), das **Pino** (s. S. 76) oder das **Stella** (s. S. 76). Wer danach noch genug Energie bzw. kein Arrangement für eine kulturelle Soiree getroffen hat, der findet in den Gassen westlich der **Piazza dei Martiri** 29 jede Menge Kneipen und Bars, um den Abend ausklingen zu lassen. Wer mehr auf Tanzen aus ist, dem sei ein Besuch in einer der zahlreichen Diskotheken der Stadt (s. S. 85) empfohlen.

2. Tag: Neapel für Genießer, Shopper und Kunstfreunde

Der zweite Tag sollte im Zeichen des *Centro Monumentale,* also des etwa ab dem 16. Jh. erbauten Teils der Stadt stehen. Dabei bietet sich vorab das **Gran Caffè Gambrinus** (s. S. 81) für ein Frühstück an. Direkt hier stellt die gewaltige **Piazza del Plebiscito** 16 den Sightseeing-Ausgangspunkt dar, von dem man Zugang zum **Palazzo Reale** 17 und der Gedächtniskirche **Chiesa di San Francesco di Paola** 18 hat. Wer jedoch mehr Begeisterung für das Mittelalter hegt, den mag das nur einen Katzensprung entfernte und über die **Piazza Municipio** 20 zu erreichende **Castel Nuovo** 21 faszinieren.

Alternativ dazu könnte man sich einen entspannten Vormittag ent-

Das gibt es nur in Neapel

Da ist natürlich der **Panoramablick** über Stadt, Golf und Vesuv (am schönsten z. B. nachmittags vom Castel Sant'Elmo 33 oder aus dem Südwesten in Posillipo). Pittoresk ist die **Altstadt mit ihren engen Gassen,** über denen die gewaschene Wäsche im Wind weht.

Geradezu einzigartig ist die riesige Sammlung an Artefakten aus Pompeji und anderen römischen Siedlungen, die man im **Museo Archeologico Nazionale** 25 bestaunen kann.

In Sachen **Moda Italiana** kann es, nicht zuletzt was die Preise betrifft, kaum eine andere Stadt mit Neapel aufnehmen, denn hier im Umland wird viel produziert, was weltweit das Label „Made in Italy" ausmacht.

Kulinarisch sollte man keinesfalls eine echte **Pizza** und die **Spaghetti alle vongole** verpassen, außerdem genießt Neapel in ganz Italien auch den Ruf, die beste **Tomatensoße** zu fabrizieren.

Legendär und einzigartig ist die **Mentalität der Neapolitaner,** denn sie verstehen es wie kaum jemand sonst, dem Leben mit einer Portion Heiterkeit und Frohsinn zu begegnen.

lang der südlich der Piazza del Plebiscito verlaufenden **Uferpromenade** machen, dessen Höhepunkt auf jeden Fall ein Besuch des **Castel dell'Ovo** 28 sein sollte.

Zur mittäglichen Stärkung bietet sich eine Pizza bei Brandi (s. S. 78) oder das Essen in einem der Lokale in unmittelbarer Nähe des Jachthafens von Santa Lucia wie dem La Bersagliera (s. S. 77) oder dem Antonio & Antonio (s. S. 73) an.

Im Anschluss können Shoppingfans die **Via Toledo** 14 und die **Galleria Umberto I.** 15 „unsicher" machen, sollten dabei aber auf keinen Fall eine Führung durch das **Teatro San Carlo** 19 verpassen. Wem die Einkaufsfreuden dagegen zu prosaisch sind und zu wenig Sauerstoff beinhalten, dem wäre ein Spaziergang durch die **Villa Comunale** (s. S. 97) und dann entlang des **Lungomare** 30 bis zum **Porticciolo di Mergellina** 31 zu empfehlen.

Der Nachmittag könnte im Zeichen „Neapel aus der Vogelperspektive" stehen, und zwar wahlweise auf den Mauern des **Castel Sant'Elmo** 33 oder von den Aussichtsterrassen der grandiosen **Certosa di San Martino** 34. Beide Sehenswürdigkeiten liegen auf dem Vomero-Hügel und man erreicht sie entweder per Funicolare (Schienenseilbahn, s. S. 59) von der **Via Toledo** 14 oder mit der Metro aus Mergellina. Wer auf die Aussicht zu Gunsten der Kunst verzichten kann, dem sei ein Besuch des **Museo Nazionale di Capodimonte** 27 ans Herz gelegt.

Für ein Abendessen in neapolitanischer Atmosphäre empfehlen sich das urige **Da Nennella** (s. S. 74) oder die **Osteria Il Gobbetto** (s. S. 75), beide in den Quartieri Spagnoli. Im Anschluss daran gibt es in der Umgebung der anmutig-unprätentiösen **Piazza Bellini** 12 mehr als genug kleine Kneipen und Cafés, die einem erlauben, diesen zweiten Tag gemächlich auslaufen zu lassen. Alternativ könnte ein Abend in einem der zahlreichen **Theater** (s. S. 87), im Ballett bzw. in der Oper im **Teatro San Carlo** 19 diesen Tag abrunden.

Stadtspaziergang

Von einem ausgiebigen Frühstück gestärkt, sollte man den Spaziergang durch Neapel mit einem Besuch des **Duomo di San Gennaro** 1 mit seinem prachtvollen Interieur im Barockstil und dem zugehörigen **Museo del Tesoro di San Gennaro** beginnen, denn der Dom bildet vor allem im spirituellen Sinn das Herz des *Centro Storico,* also der Altstadt. Nur einen Steinwurf entfernt befindet sich die **Piazza Cardinale Sisto Riario Sforza** 2, die einem den Weg auf die Via dei Tribunali weist. Linker Hand liegt sogleich der **Pio Monte della Misericordia** 3 mit seiner grandiosen Gemäldesammlung, die u.a. eines der Meisterwerke von Caravaggio enthält. Bei schönem Wetter sollte man den Spaziergang über die Via dei Tribunali in Richtung Südwesten auf die **Piazza San Gaetano** 4 fortsetzen, auf der neben einem Besuch der Basilica San Paolo Maggiore besonders ein Abstieg in Neapels Unterwelt – **Napoli Sotterranea** (s.S. 19) – empfehlenswert ist.

Die Piazza San Gaetano und auch die nach Westen führende Via dei Tribunali beherbergen ein paar gute Restaurants und Pizzerias, die für einen **Mittagssnack** bestens geeignet sind. Von der Piazza folgt man der Via San Gregorio Armeno nach Süden. Auf diesem Weg sind neben den Krippenmachern (s.S. 21) und Souvenirshops speziell der **Complesso Monumentale San Lorenzo Maggiore** 5, ein ehemaliger Klosterkomplex samt archäologischen Ausgrabungen, und die barocke **Chiesa di San Gregorio Armeno** 6 sehenswert. Weiter geht es nach rechts auf der verkehrsberuhigten Spaccanapoli (hier Via San Biagio dei Librai genannt) bis zur kleinen **Piazzetta Nilo** 7, wo die Bar Nilo (s.S. 81) mit einem Espresso zu einer Verschnaufpause einlädt. Danach sollte man einen kurzer Abstecher zur **Cap-**

pella San Severo 8 mit ihren fantastischen Steinmetzarbeiten machen. Nur wenige Meter weiter erreicht man die gemütliche **Piazza di San Domenico Maggiore** 9 mit der gleichnamigen Kirche. Wer mal kurz „alle Fünfe gerade sein lassen“ möchte, kann dies z.B. im herrlich entspannten Café Scaturchio (s.S. 83) tun. Von der Piazza aus hat man zwei Möglichkeiten: Man könnte der Spaccanapoli (ab hier Via Benedetto Croce genannt) weiter nach Westen bis zur **Piazza del Gesù Nuovo** 10 folgen, wo der **Complesso Monumentale di Santa Chiara** 11 mit seinem beschaulichen Kreuzgang und den Gräbern der Bourbonenkönige einlädt. Von hier ist es dann nur noch ein Katzensprung zur **Via Toledo** 14 und zum wuseligen Markt **La Pignasecca** (s.S. 95), auf dem zahlreiche Lokale auch für das leibliche Wohl sorgen.

Stattdessen könnte man sich ab der **Via San Sebastiano** [F2/3] auch Richtung Norden halten und der **Via Santa Maria di Costantinopoli** bis zur entspannten **Piazza Bellini** 12 mit ihren Cafés folgen, die sich gleichermaßen für eine kurze Koffeinaufnahme oder einen ausgedehnten Aperitif eignen.

Von hier gelangt man zum **Museo Archeologico Nazionale** 25, dem vielleicht namhaftesten archäologischen Museum Italiens, welches das ausstellungstechnische Pendant zu den Ausgrabungen in Pompeji 35 bildet. Hier hat man auch Anschluss an das Bus- und Metronetz.

Routenverlauf im Stadtplan

Der hier beschriebene Spaziergang ist mit einer farbigen Linie im Stadtplan eingezeichnet.

Eindrucksvoll: die Chiesa di San Francesco di Paola 18

011nl Abb.: dk

Centro Storico

Die Altstadt – auf Italienisch „Centro Storico“ – bildet den historischen Stadtkern Neapels und ist dabei wohl eine der schönsten ihrer Art in ganz Europa. Bereits das antike Neapolis befand sich in diesem Bereich und viele der heutigen Straßen verlaufen exakt dort, wo bereits unter den Römern die „Decumani“ (Hauptstraßen) lagen.

Die touristische Hauptschlagader der Altstadt bildet eine als **Spaccanapoli** („spalte Neapel“) bekannte, etwa drei Kilometer lange Straßenfolge (Via Benedetto Croce und Via San Biagio dei Librai), in deren Umgebung sich die mächtigen Palazzi und Kirchen befinden, die hier vom 13. Jh. bis zum Ende des 18. Jh. errichtet wurden.

Wer nur einen Tag in Neapel hat, der bekommt im *Centro Storico* alles geboten, was man braucht, um mitreden zu können. Und während dieses Gebiet noch in den späten 1990er-Jahren für seine geschickten *scippatori* („Handtaschenräuber“) bekannt war, ist ein Besuch des engen Gassengewirrs heute ungefährlich.

Öffnungszeiten

Die meisten Sehenswürdigkeiten, besonders die vielen Kirchen, sind in der Regel nur **bis 12 Uhr und dann erst wieder ab 16 Uhr** geöffnet.

1 Duomo di San Gennaro ★★★ [G2]

Die meist nur Duomo genannte Kathedrale ist Neapels bedeutendster Sakralbau und wurde zu Ehren des Schutzpatrons der Stadt, des heiligen Januarius (San Gennaro), gebaut. In ihr werden daher auch seine Reliquien, darunter auch Phiolen mit seinem Blut, aufbewahrt.

Die Stelle, an der heute der Dom mit der **neugotischen Fassade** aus dem 19. Jh. steht, war schon viel früher eine Kultstätte. Es wurden Überreste eines römisch-griechischen Tempels gefunden und auch die älteste Kirche Neapels, die **Chiesa Santa Restituta**, wurde im Jahr 320 im Auftrag Kaiser Konstantins hier als Basilika errichtet und Teile davon bilden noch heute den linken Seitenflügel der Kathedrale. Der Bau des Duomo wurde von König Karl I. von Anjou in Auftrag gegeben, die Arbeiten überdauerten allerdings auch noch die Regierungszeit seines Nachfolgers, Karls II. (1285–1309), und erst im Jahre 1315 konnte das Gotteshaus unter der Herrschaft von Robert von Anjou fertiggestellt und geweiht werden.

Das auch heute noch **prachtvolle Interieur** im **Barockstil** entstand während einer umfassenden Umgestaltung im 17. und 18. Jh. Zu den Hauptattraktionen zählt die rechts an das Hauptschiff mit der polygonalen Apsis angebaute, frühbarocke **Cappella di San Gennaro**, die Schatzkapelle, die zum Zentrum des Januarius-Kultes ausgebaut wurde und in der die meisten Reliquien des Schutzheiligen aufbewahrt werden. Hier sollte man speziell die **Fresken** der Künstler Domenichino und Giovanni Lanfranco, **Gemälde** von Luca Giordano sowie den **prunkvollen Hochaltar** von Francesco Solimena beachten. Die **große Kapelle** wurde im 18. Jh. mit **Barockreliefs** von Pietro Bracci versehen. Im Hauptaltar lagern die besagten **Blutampullen**, die den Gläubigen dreimal im Jahr (am ersten Samstag

im Mai, am 19. September und am 16. Dezember) vom Erzbischof gezeigt werden, wobei sich das Blut üblicherweise verflüssigt und Neapel damit Glück beschert. Bleibt die mysteriöse, von Zweiflern als chemische Reaktion und somit Humbug abgetane **Blutverflüssigung** aus – und das kommt durchaus vor –, gilt das als **schlechtes Omen** für das Wohl der Stadt. So geschah es z. B. im Jahr 1980, als die Stadt ein paar Wochen später von einem Erdbeben heimgesucht wurde, oder 1988, als der SSC Neapel nur knapp die Meisterschaft verlor.

Weitere Sehenswürdigkeiten des Duomo sind die **Minutolo- und Tocco-Kapellen** mit Fresken aus dem 13. Jh., die vom lombardischen Künstler Tommaso Malvito stammende **Krypta** unter dem Hauptaltar sowie das **eindrucksvolle Portal** aus dem 15. Jh. mit Skulpturen von Tino da Camaino. Wertvolle silberne Votivgaben und andere Devotionalien

KURZ & KNAPP

San Gennaro

Über den **heiligen Januarius** (272–305) sind – zumindest im streng historischen Sinne – nicht viele Details bekannt. Als halbwegs gesichert gilt seine **Enthauptung** unter der Herrschaft des Kaisers Diokletian (im Zuge der Christenverfolgungen) und dass seine Gebeine ursprünglich in frühchristlichen Katakomben 26 oberhalb Neapels lagen, jedoch 835 nach Benevent gebracht wurden. Unter den gläubigen Neapolitanern gibt es dagegen eine Menge heldenhafter Legenden über das Leben des später heiliggesprochenen Märtyrers. San Gennaro wurde Patron von Neapel und gilt als Helfer gegen Vulkanausbrüche. Seine sterblichen Überreste wurden im Mai 1491 in die Stadt zurückgebracht und fanden im prächtigen Duomo 1 ihre letzte Ruhe.

Der Hauptaltar des imposanten Duomo di San Gennaro

sind neben dem Dom im **Museo del Tesoro di San Gennaro** (s. S. 70) ausgestellt.

Auch ein Spaziergang über das Dach des Doms mit herrlicher Aussicht ist möglich.

› Via Duomo 147, Metrostation Cavour, Tel. 081 449065, Mo–Sa 8.30–13.30 u. 14.–19.30, So 8–13 u. 16.30–19.30 Uhr, Eintritt frei

2 Piazza Cardinale Sisto Riario Sforza ★ [G2]

Südlich des Duomo 1, bereits an der Via Tribunali gelegen, bildet die kleine Piazza Cardinale Sisto Riario Sforza den „**Nullpunkt**“ für einen touristischen Streifzug durch das *Centro Storico*. Der vielleicht **malerischste Platz der Altstadt** beherbergt den imposantesten der drei Obelisken Neapels. Auf ihm ist die **Statue des Stadtpatrons** San Gennaro zu sehen, von Engeln flankiert, zuversichtlich blickend und mit segnender Hand die Neapolitaner vor Unheil schützend. Die Statue stammt aus dem Jahre 1631: Bei einem kurz zuvor stattgefundenen **Vulkanausbruch** war die Lava des Vesuv – angeblich durch ein Wunder San Gennaros – vor den Stadtmauern zum Stillstand gekommen.

Gegenüber dem Platz befindet sich die karitative Einrichtung Pio Monte della Misericordia 3 mit dazugehöriger Kirche und einer prächtigen Gemäldesammlung, unter anderem mit Werken von Caravaggio.

› Metrostation Cavour

[>] Der heilige Gaetano wacht über das Gassengewirr vor der Basilica San Paolo Maggiore

3 Pio Monte della Misericordia ★★★ [G2]

Wer würde im Inneren dieses Palazzo mit der dunklen Fassade schon eine Gemäldesammlung vermuten? Und dann sogar noch eines der Meisterwerke von Michelangelo Merisi, genannt Caravaggio, des vielleicht grandiosesten italienischen Malers des Frühbarock? Tja, auch hier gilt wie so oft: Bella Napoli ist immer für eine Überraschung gut und Kunstliebhaber kommen im Pio Monte della Misericordia zweifellos auf ihre Kosten.

Anfang des 17. Jh. gründeten sieben adlige Neapolitaner die karitative Einrichtung **Pio Monte della Misericordia**, die Bedürftigen zinsfreie Kredite gegen Pfand gab. Konnte der Kredit nicht zurückgezahlt werden, wurde das Pfand versteigert. Die Bruderschaft besteht noch heute und betreibt hier mehrere Arztpraxen, in denen sich finanziell Schwache kostenlos behandeln lassen können, spendet aber auch für Schulen, Kirchen und Krankenhäuser. Für den Besucher ist in erster Linie die der **heiligen Jungfrau der Barmherzigkeit** geweihte Kirche interessant, in deren oktogonalem Hauptraum vor allem Bilder neapolitanischer **Barockmaler** wie Luca Giordano, Battistello, Fabrizio Santafede oder Giovan Vincenzo Forlì hängen. Das „Sahnestück“ bildet jedoch das über dem Hauptaltar befindliche **monumentale Gemälde** „Le Sette Opere di Misericordia“ („Die sieben Werke der Barmherzigkeit“) aus den Jahren 1606/1607 des aus Mailand stammenden Künstlers **Caravaggio** (1571–1610). In einem eindrucksvoll realistischen Stil – angeblich standen Menschen von Neapels Straßen Modell – zeigt das Werk, wie Hungrige Essen bekom-

men, Dürstenden Wasser gereicht wird, Nackte Kleidung und Pilger ein Dach über dem Kopf erhalten, Kranke und Gefangene besucht und Tote gebührend bestattet werden. Der für seine Zeit durchaus unkonventionelle, zum Rebellischen und Promiskuitiven neigende Caravaggio beendete sein Werk zunächst ohne **das Gesicht der Madonna**, obwohl es ihren Namen tragen sollte. Erst später fügte er es dem Wunsch der Auftraggeber entsprechend noch in den oberen Teil ein.

An die Kirche angeschlossen ist eine gegen Eintritt zu besichtigende **Gemäldegalerie** mit rund 150 Werken aus der Zeit vom 15. bis zum 19. Jahrhundert.

› **Chiesa e Quadreria del Pio Monte della Misericordia,** Via dei Tribunali 253, Metrostation Cavour, Tel. 081 446944, www.piomontedellamisericordia.it, Mo–Sa 9–18, So 9–14.30 Uhr, Eintritt Kirche und Gemäldegalerie 8 €, ermäßigt 6 €, Familienticket (2 Erw. und max. 3 Kinder unter 16 Jahren) 16 €

030nl Abb.: dk

4 Piazza San Gaetano ★ [G2]

Willkommen im Herzen des antiken Neapel. An der Stelle, wo sich heute die schmucke kleine Piazza San Gaetano befindet, waren einst die griechische Agora und das römische Forum. Von hier hat man mehrere Möglichkeiten, auf den Spuren der Antike in die Tiefe zu steigen.

Betritt man die Piazza von der Via Tribunali oder der Via San Gregorio Armeno aus, fällt einem zuallererst das **Denkmal des heiligen Gaetano** (1480–1547) auf, der während der Pestepidemie von 1528 einer der tatkräftigsten Helfer war und als Mitbegründer des Ordens der Theatiner gilt. Dahinter führt die **eindrucksvolle Treppenanlage** hinauf zur **Basilica San Paolo Maggiore** genannten Ordenskirche der Theatiner, die durch ihre barocken Decken- und Wandgemälde sehr reizvoll ist. Sie zählt zu den **ältesten Sakralbauten** der Stadt, gehen ihre Anfänge doch auf einen römischen Tempel zurück. Im 9. Jh. wurde dann aus Dankbarkeit über den Sieg gegen die muslimischen Sarazenen eine dem heiligen Paul gewidmete Kirche errichtet. Im 17. Jh. wurden die altertümlichen Elemente des Gebäudes durch verschiedene Erdbeben schwer in Mitleidenschaft gezogen und so sind von der ursprünglichen Bausubstanz nur noch die zwei in die Front integrierten **Säulen des ehemaligen Dioskurentempels** erhalten. In der Basilika sind die barocke Kapelle Firrao, die Sakristei (Mo–So 8–10 und 17–19 Uhr) und auch die unter dem Gebäude liegende Krypta bemerkenswert.

Die Piazza San Gaetano ist aber vor allem auch als Ausgangspunkt für die Erkundung der **altertümlichen Unterwelt** interessant, entweder auf

einer **geführten Tour** durch die Gänge, Grotten und Katakomben (Napoli Sotterranea, s. S. 19) oder durch den **archäologischen Komplex** unterhalb der Basilica di San Lorenzo Maggiore 5. Hungrigen Mägen empfiehlt sich auf der Westseite des Platzes die **Antica Trattoria da Carmine** (s. S. 73).

› Basilica San Paolo Maggiore, Tel. 081 454048, Mo–Sa 9–18 und So 10–12.30 Uhr, Eintritt frei, Metrostation Dante, Museo oder Cavour

5 Complesso Monumentale San Lorenzo Maggiore ★★ [G2]

Im von Gotteshäusern gespickten Neapel mag die Klosterkirche des Franziskanerordens für viele wohl nur unter der Rubrik „ferner liefen" wahrgenommen werden, doch speziell im 14. Jh. galt sie als wichtiges Zentrum des geistigen Lebens von Italien, gingen doch hier so berühmte Humanisten wie Giovanni Boccaccio (1313–1375) und Francesco Petrarca (1304–1374) ein und aus. Für Besucher ist neben der Basilica auch der Rest des Monumentalkomplexes des nicht mehr bewohnten Klosters spannend. Hier befinden sich mehrere Prunksäle, ein Museum und ein angrenzender Kreuzgang, von dem man hinunter zu den archäologischen Ausgrabungen gelangt.

Der Ursprung der **Basilica di San Lorenzo Maggiore** geht vermutlich noch auf die Lebenszeit des heiligen Franz von Assisi (1181–1226), dem Gründer des Franziskanerordens, zurück. Ursprünglich hatte der Bettelorden wohl dort seinen Sitz, wo heute das Castel Nuovo 21 steht. Beim Ausbau besagter Festung wurde das Gelände der Franziskaner enteignet, Karl I. von Anjou stellte ihnen aber zum Ausgleich das hiesige Areal zur Verfügung, auf dem sich ursprünglich eine im 6. Jh. von Bischof Giovanni II. gegründete und dem Diakon Laurentius gewidmete **frühchristliche Kirche** befunden hatte, von der noch **Überreste des Mosaikfußbodens** erhalten sind. Das sonstige Innere der Basilika geht auf Umbauarbeiten zwischen 1270 und 1300 zurück und ist im Stil der **französischen Gotik** gehalten, während die **Fassade** nach dem Erdbeben von 1731 im Duktus des **Barock** umgestaltet wurde.

Nebenan befindet sich der ehemalige **Klosterkomplex** mit dem dazugehörigen **Kreuzgang**, über den man nach unten zu den teilweise bis zu 2500 Jahre alten **griechisch-römischen Ausgrabungen** gelangt. Man wandelt hier wenige Meter unter der Erde auf den historischen Straßenspuren über einen äußerst eindrucksvollen, weitestgehend original erhaltenen **Marktplatz** – leider aber bei relativ schlechter Beleuchtung, daher Vorsicht (für Kinder unter 12 nicht geeignet). Ebenfalls sehenswert sind die sich an den Kreuzgang anschließenden **Prunksäle** Sala Sisto V. und Sala Capitolare mit den **Deckengemälden** von Luigi Rodriguez (1570–1609) sowie das **Museum**, in dem auf drei Stockwerken die Geschichte des Geländes um San Lorenzo Maggiore von der klassischen Antike bis in die Neuzeit erläutert wird. Ein Besuch des gesamten Klosterkomplexes dauert etwa 1½ Stunden.

› **Complesso Monumentale San Lorenzo Maggiore**, Piazza San Gaetano 316, Metrostation Dante oder Cavour, www.laneapolissotterrata.it, Tel. 081 2110860, tägl. 9.30–17.30 Uhr, Eintritt 9 €, ermäßigt 7 €, **Basilica di San Lorenzo Maggiore**, Mo–So 8–12 und 15–19 Uhr, Eintritt frei

MEIN TIPP

Napoli Sotterranea

Links der Basilica San Paolo Maggiore befindet sich der Eingang zu einer Citytour der ganz besonderen Art: Hier geht es hinunter in die Unterwelt Neapels – **Napoli Sotterranea** – und durch die 2500-jährige Geschichte der Stadt unter der Stadt. Schon seit der Antike wurden Katakomben, Grotten, Gänge und Höhlen tief in die Erde gegraben, einerseits, um durch Zisternen die Wasserversorgung der Bevölkerung zu gewährleisten, und andererseits, um den gelben Tuffstein abzutragen, mit dem man die Straßen, Kirchen, Paläste und Wohnhäuser baute. Das unterirdische Neapel mit seiner insgesamt über 400 km langen Ausdehnung ist faktisch parallel zur oberen Stadt entstanden und gewachsen und verfügt über eine eigene Geschichte. Jede historische Epoche, angefangen von der Gründung des antiken Neapolis bis hin zum Zweiten Weltkrieg, während dem die Katakomben als Bombenschutzräume dienten, hat auch hier im **grembo della città** („Schoß der Stadt") ihre Spuren hinterlassen.

Der Verein Napoli Sotterranea hat einen Großteil des ehemaligen Aquädukts sowie diverse unterirdische Gänge und Zisternen freigelegt und zugänglich gemacht und man kann diese in einer etwa **eineinhalbstündigen geführten Tour** (auf Anfrage auch auf Deutsch) hautnah erleben. Das Ganze beginnt mit einem Abstieg über etwa 150 Stufen in 40 m Tiefe (selbst im Hochsommer ist es hier selten wärmer als 15 °C, daher Schal oder Pullover mitnehmen!) und setzt sich dann in streckenweise relativ engen und teilweise kaum beleuchteten Gängen fort. Abschließend besucht man – über eine versteckte Treppe in einer ehemaligen Privatwohnung zu begehen – Reste des römischen Amphitheaters, das ebenfalls unter der heutigen Bausubstanz liegt.

★1 [G2] **Napoli Sotterranea,** Piazza San Gaetano 68, Metrostation Dante, Museo oder Cavour, Tel. 081 296944, www.napolisotterranea.org, tägl. 10–18 Uhr Führungen auf Italienisch (stündlich) und 10, 12, 14, 16 und 18 Uhr auf Englisch (je nach Andrang evtl. öfter), Eintritt 15 €, ermäßigt 10 €. Klaustrophobisch veranlagten Personen und Kindern unter 12 Jahren ist die Tour nicht bzw. nur bedingt zu empfehlen!

Im Reich der Dunkelheit: mit Kerzen durch Neapels Unterwelt

031nl Abb.: dk

MEIN TIPP

Der Totenkult der „anime pezzentelle“

An der Via dei Tribunali 39 befindet sich die kleine Barockkirche Santa Maria Purgatorio ad Arco. Nur wer aufmerksam an den Treppen zum Eingang vorbeischlendert, sieht die drei **„cap' e morte“** („Todesköpfe“) genannten Bronzeschädel, über die viele Neapolitaner im Vorbeigehen aus Respekt mit der Hand streichen. In der Krypta der Kirche wurde seit dem 17. Jh. ein Totenkult zu Ehren der anonymen Seelen im Fegefeuer („anime pezzentelle“), also derer, die keine ordnungsgemäße Bestattung bekommen haben, gepflegt und bis heute befinden sich hier Altäre mit Gebeinen und Schädeln der **anime pezzentelle.** Zwar hat die katholische Kirche den Volksglauben 1980 verboten, doch bis heute wird den Namenlosen hier Respekt, ja geradezu Verehrung gezollt.

★**2** [F2] **Santa Maria Purgatorio ad Arco,** Via dei Tribunali 39, Metrostation Dante, Museo oder Cavour, www.purgatorioadarco.it, Tel. 081 440438, Mo–Sa 10–14 Uhr, Eintritt frei, Krypta 6 €, erm. 5 €

032nl Abb.: dk

6 Chiesa di San Gregorio Armeno ★★ [G2]

Ob die kitschige Krippengasse Via San Gregorio Armeno durch das Interieur der hier liegenden Kirche beeinflusst wurde, lässt sich wohl nur noch schwer nachvollziehen, möglich wäre es aber, ist die barocke Chiesa di San Gregorio Armeno doch in der Tat geradezu „quietschend liebreizend“.

Die Gründung der Kirche des Konvents San Gregorio Armeno geht auf das 8. Jh. zurück. Nonnen des Basilianischen Ordens flüchteten mit Reliquien des Apostels von Armenien – auf Deutsch meist **Gregor der Erleuchter** (ca. 257–332) genannt – aus Konstantinopel und gründeten in Neapel auf den Resten eines römischen Tempels zu Ehren der Fruchtbarkeitsgöttin Ceres ihr Gotteshaus.

Im 16. Jh. wurde das Gebäude neu errichtet und im **Stil des Frühbarock** üppigst verziert. Achten sollte man auf den **Marmoraltar** von Dionisio Lazzari, die prächtigen **Gemälde** von Teodoro d'Errico an der vergoldeten Decke, die **Fresken** von Luca Giordano und Paolo de Matteis sowie den antiken Ofen und den mit Skulpturen Matteo Bottiglieros verzierten Brunnen im **wunderschönen Kreuzgang** (über die Via Maffei zu erreichen).

In Neapel ist die Chiesa di San Gregorio Armeno vorrangig aus einem volkstümlichen Grund berühmt, nämlich durch das **Blutwunder der Santa**

◁ Ein Besuch der unterirdischen „Beinhalle“ ist nichts für schwache Gemüter

▷ Souvenirs „alla napoletana“ gefällig? In der Krippengasse wird man auf jeden Fall fündig!

Die Krippenmacher der Via San Gregorio Armeno

Nicht nur die Chiesa di San Gregorio Armeno 6 ist einen Besuch wert, sondern auch die davor verlaufende Via San Gregorio Armeno, wo sich unzählige Geschäfte im Anpreisen von allerlei neapolitanischen Glücksbringern, jeder Menge Kitsch und v.a. Weihnachtskrippen aller Sorten und Größen überbieten. Besonders die **Krippenmacher** sind weit über die Grenzen Neapels hinaus bekannt, denn in Italien ist den meisten Familien an Heiligabend die Krippe traditionell wichtiger als der Weihnachtsbaum.

Zwar haben die Schnitzer besonders in der Adventszeit Hochkonjunktur, wenn sich die Via im Weihnachtstaumel in einen Märchenbasar aus einer katholischen Abwandlung von 1001 Nacht verwandelt, aber auch zu jeder anderen Jahreszeit blüht das Geschäft. Die Krippenmacher haben den Trend längst erkannt und so steht die Geburt Christi zwar noch im Vordergrund, wird aber je nach Bedarf sinnbildlich **in jede x-beliebige Zeit** und **an alle möglichen Orte** übertragen. Da stört es auch nicht, wenn Josef und Maria die neapolitanische Tracht des 17. Jahrhunderts tragen, im Stall von Bethlehem elektrisches Licht brennt oder das Schaukelbett per Batterie betrieben wird. Natürlich sind auch der **Gestaltung** der weiteren Krippenfiguren keine Grenzen gesetzt und so findet man neben dem „Stammensemble" auch Persönlichkeiten aus Politik, Kultur und Sport. Bei der Fülle des Angebots ist es schwierig einzuschätzen, wo die feine Grenze zwischen Kunst und Kitsch verläuft – wenn auch an vielen Geschäften die Aufschrift **no China** als „Qualitätssiegel" bürgt –, doch als Maßstab gelten sicherlich die Manufakturen der alteingesessenen Familien wie z. B. die der Ferrignos (S. 92), in der die Figuren noch aus Ton hergestellt und anschließend handbemalt werden.

Wer nach der Shoppingtour hier noch nicht genug von Krippen hat, dem sei ein Besuch im Museum der Certosa di San Martino 34 empfohlen, denn dort befindet sich alles, was man zum Thema wissen muss und kann.

033nl Abb.: dk

Patrizia di Costantinopoli, das sich hier jeden Dienstagmorgen und speziell am 25. August, dem Festtag der Heiligen, ereignet. Ähnlich wie bei dem Wunder des heiligen Januarius (s. S. 15) verflüssigt sich an den besagten Tagen Patrizias Blut und bringt damit Segen über die Gläubigen. Der Legende nach erlitt die aus Konstantinopel stammende Nonne – sie ist die **zweite Schutzheilige Neapels** – nach einem äußerst bewegten Leben während einer Pilgerfahrt auf der Halbinsel Megaris (hier steht heute das Castel dell'Ovo 28) Schiffbruch und gründete dort eine Einsiedelei.

› Via San Gregorio Armeno 1, Metrostation Dante, Tel. 081 5520186, Mo–Sa 9–12 Uhr, So 9–13 Uhr, Eintritt frei

7 Piazzetta Nilo ★ [F2]

Sie fragen sich sicher, was der Nil – auf Italienisch Nilo – in Neapel zu suchen hat. Nun, es waren wohl ägyptische Händler, die sich in der zwei Jahrtausende zurückliegenden Antike irgendwo hier in der Nähe niederließen und ihre Siedlung Nil nannten.

Das sich an diesem Platz befindliche **Denkmal eines bärtigen Mannes** mit Füllhorn und den Füßen auf einem Alligator erinnert an die Ägypter, ist aber die 1667 restaurierte Version eines möglicherweise deutlich älteren Stücks. Gegenüber dem – allgemein *corpo di Napoli* („Körper Neapels") genannten – Denkmal befindet sich die kleine **Bar Nilo** (s. S. 81), eine Institution, die nicht nur beliebter Treffpunkt der Altstadtbewohner jeder sozialen Schicht ist, sondern auch das umliegende Viertel mit *caffè* versorgt. Im Inneren der Bar hängt ein **Altar zu Ehren Diego Maradonas**, der dem SSC Napoli so manche erfolgreiche Meisterschaft bereitete und bis heute wie ein Held verehrt wird.

034nl Abb.: dk

Am südwestlichen Ende der Piazzetta Nilo steht die rötliche Stiftskirche **Sant'Angelo a Nilo**, in der sich das **Grabmal** des Kardinals Rinaldo Brancaccio befindet, das 1427 von Michelozzo und Donatello, den bedeutendsten Bildhauern der Frührenaissance, gefertigt wurde. Der Kardinal hatte den ursprünglich nur als Privatkirche seiner Familie konzipierten Bau Anfang des 15. Jh. zu Ehren des Erzengels Michael in Auftrag gegeben.

Folgt man vom Platz der Via Nilo nach Süden, erreicht man das **Universitätsviertel** mit seinen Buchhandlungen und Kneipen, das sich auch über die parallel und ebenfalls nach Süden zum Corso Umberto I. 22 verlaufende Via Mezzocannone erstreckt.

› **Chiesa Sant'Angelo a Nilo**, Piazzetta del Nilo 23, Tel. 081 5516227, Mo–Sa 8.30–12 und 17–19, So 8.30–12 Uhr, Metrostation Dante

Der Altar für den „heiligen Diego"

Forza Napule! Forza Diego!

Immer wieder findet sich das Konterfei Diego Maradonas (1960–2020) in Bars, Cafés und Geschäften, denn „Divo Diego“ gilt als Halbgott, der dem Fußballverein der Stadt, der **Società Sportiva Calcio Napoli** (SSC Napoli) zu seinen glorreichsten Jahren verholfen hat. Maradona wurde für rund 13,5 Milliarden Lire (rund 6,8 Millionen Euro) vom FC Barcelona eingekauft – damals der teuerste Transfer der Fußballgeschichte – und spielte von 1984 bis 1991 für den SSC Napoli. Er bescherte ihm in 188 Spielen stolze 81 Tore, gewann mit ihm 1987 und 1990 die italienische Meisterschaft (den begehrten **Scudetto**), 1987 außerdem die **Coppa Italia** und zwei Jahre später sogar den UEFA-Pokal.

Als Maradona 1991 von Drogenprozessen und Vaterschaftsklagen geplagt in seine Heimat Argentinien zurückkehren musste, folgte der Abstieg des Vereins: zuerst in die B-Liga und nach dem Konkurs 2004 sogar in die Regionalliga. Doch bereits zwei Jahre später stieg der Club wieder wie Phönix aus der Asche auf und spielt mittlerweile erneut in der ersten Liga – und das recht erfolgreich.

Ein zweiter Maradona ist aber nicht in Sicht, weder auf dem Platz, noch in den Herzen der Napoletani. Seine Trikotnummer 10 wurde nie wieder vergeben und nach seinem Tod wurde das Stadion der Stadt nach ihm benannt.

Die **„tifosi“** Neapels gelten als die heißblütigsten des ganzen Landes, auch weil der Verein als das Fußball-Aushängeschild Süditaliens gilt, der den finanziell weit potenteren Vereinen aus dem Norden Paroli bieten kann. Spiele finden zwischen August und Mai in der Regel freitags, samstags oder sonntags statt.

S3 [bj] **Stadio Diego Armando Maradona,** Piazzale Vincenzo Tecchio, Metrostation Napoli Piazza Leopardi, Tel. 081 2395623, Spielplan: www.sscnapoli.it, Tickets: erhältlich am Stadion oder online unter www.ticketone.it, Preis: 15–60 €

8 Cappella San Severo ★★★ [F2]

Etwas abseits der Spaccanapoli befindet sich zwischen der Via Nilo und der Piazza di San Domenico Maggiore 9 ein Schmuckstück des Barock: Hier steht die Kapelle des Palazzo Sangro mit den grandios filigranen Steinmetzarbeiten aus dem 18. Jahrhundert und den makaber schaurigen Schaustücken zweier nur noch aus Knochen und erstarrtem Aderngeflecht bestehenden Körper.

Es war Prinz Francesco de Sangro, der 1590 im Garten seines Palastes den Grundstein für die Familienkapelle legte, doch im Auftrag von Raimondo di Sangro, dem **Prinz von Sansevero**, wurde das Gebäude 1742 zu dem umgestaltet, was es auch heute noch ist.

Im Inneren des rechteckigen Schiffs finden sich einige spektakulär real erscheinende **Marmorskulpturen**, wie das Grabmahl „Pudicizia“ (Schamhaftigkeit) der Mutter Raimondos von Antonio Corradini aus dem Jahr 1752 oder das von Francesco Queirolo (1704–1762) geschaffene Werk „Disinganno“ (Enttäuschung), das das Grab

des Vaters schmückt und eine Figur zeigt, die versucht, sich aus dem Netz der Täuschung zu winden. Auch das Deckengemälde **„Gloria del Paradiso“** („Herrlichkeit des Himmels“) von Francesco Maria Russo aus dem Jahr 1749 lohnt einen Blick. Das berühmteste Werk innerhalb der Kapelle ist allerdings der ebenfalls aus Marmor gefertigte **„Verhüllte Christus“** („Cristo velato“) von Giuseppe Sammartino aus dem Jahr 1753, bei dem der Leichnam des Gepeinigten mit einem dünnen Tuch bedeckt ist und dabei aber **ungeheuer realistisch** wirkt.

Der exzentrische Prinz Raimondo war aber nicht nur ein Freund der Schönen Künste, sein Hauptinteresse galt Erfindungen aller Art und ganz speziell der Alchemie. Als Großmeister der neapolitanischen Freimaurerloge war er an zahlreichen Experimenten beteiligt, von denen in der unterirdischen Kammer neben der Kapelle die sog. **anatomischen Maschinen** ausgestellt sind: Es handelt sich dabei um die Skelette eines Mannes und einer Frau samt der meisterhaft – und bis heute rätselhaften – **konservierten Blutgefäße.** Wessen beider Körperreste dies sein mögen, bleibt ungewiss, obwohl der schauerlichen Legende nach der Prinz zwei Bediensteten bei lebendigem Leib eine Flüssigkeit gespritzt haben soll, die deren Blutbahnen langsam erstarren ließ.

› Via Francesco de Sanctis 19, Metrostation Dante, Tel. 081 5518470, https://museosansevero.it, Mo, Mi–So 9–19 Uhr, letzter Einlass 30 Min. vor Schließung, Eintritt 8 €, ermäßigt 6 €

Immer „molto interessante“: ein Spaziergang über die Piazza del Gesù Nuovo

9 Piazza di San Domenico Maggiore ★★ [F3]

Direkt im Schatten der Chiesa San Domenico Maggiore liegt dieser bezaubernde kleine Platz, an dem sich speziell gegen Abend die Jugendlichen der Altstadt, Studenten, Touristen u. v. a. versammeln.

Es ist der heilige Dominikus, der Begründer des Bettelordens der Dominikanermönche, der – zumindest als **Statue** – von dem **Obelisken** auf der Piazza den Trubel überblickt. Die Neapolitaner hatten den Obelisk 1656 aus Dankbarkeit für den Einsatz Dominikus’ im Kampf gegen die Pest errichtet, weshalb er auch allgemein als **Pestsäule** bezeichnet wird. Es tut gut, hier einen Moment innezuhalten und dem Treiben auf dem Platz zuzusehen, bei Bedarf auch auf einen Kaffee und eine typische *sfogliatella* im berühmten Café **Scaturchio** (s. S. 83) oder auf ein köstliches *gelato* im dazugehörigen Eissalon.

Von den Dominikanermönchen stammt die im 13. Jh. erbaute **Kirche San Domenico Maggiore,** die unter der Regierungszeit Karls II. von Anjou erbaut wurde und in der der Theologe und Philosoph Thomas von Aquin (1225–1274) und der Priester Giordano Bruno (1548–1600) – er wurde wegen Ketzerei in Rom auf dem Scheiterhaufen verbrannt – studierten. Im Inneren der auch als Basilica bekannten Kirche sollte man nicht die ältere **Kapelle San Michele Arcangelo a Morfisa** übersehen, die in den Bau der Kirche integriert wurde. Im künstlerischen Sinne wertvoll sind in erster Linie die für ihre byzantinische Manier berühmten **Fresken** von Pietro Cavallini, die Gemälde von Mattia Preti und das **eindrucksvolle**

Kruzifix über dem Altar. Weitere Teile der Kirche, etwa die Sakristei, die Schatzkammer – allesamt mit einer reichen Anzahl historischer Exponate inklusive Kleidungsstücken aus dem 15. Jahrhundert – und die sog. Aragonesischen Sarkophage, können nur im Rahmen einer Führung besichtigt werden.

› **Chiesa di San Domenico Maggiore,** Piazza di San Domenico Maggiore 8, Metrostation Dante, Tel. 333 8638997, https://museosandomenicomaggiore.it, Führungen tägl. 10–18 Uhr, Eintritt 11 €, erm. 8 €

035nl Abb.: dk

⑩ Piazza del Gesù Nuovo ★★★ [F3]

Die allzeit lebendige Piazza del Gesù Nuovo kann getrost als das schönste Entrée in die historische Altstadt bezeichnet werden. Hier befinden sich auch das Touristenbüro (s. S. 114) und eine zentrale Bushaltestelle samt Stadtrundfahrtsstopp.

Flankiert vom Complesso Monumentale di Santa Chiara ⑪ und der **Chiesa del Gesù Nuovo** liegt die **Piazza del Gesù Nuovo** am westlichen Ende der engen Spaccanapoli, die sich ab hier schnurgerade unter den Namen Benedetto Croce, San Biaggio dei Librai und Vicaria Vecchia in Richtung Nordosten fortsetzt. Der Platz stellt die **Verbindung** der Spaccanapoli mit der Innenstadt um die Via Toledo ⑭ dar.

Dass die Piazza del Gesù Nuovo – besonders für neapolitanische Altstadtverhältnisse – so großzügig angelegt wurde, hat sie Ferrante Sanseverino (1507–1568) zu verdanken, der hier einige Gebäude abreißen ließ, um den Blick auf seinen Palast, die spätere Kirche, zu ermöglichen. In der Mitte der Piazza befindet sich ein ca. 34 m hoher **Obelisk** im Stil des **Rokoko,** auf dem die von Giuseppe Genuino gefertigte Jungfrau Maria steht: die sog. **Guglia dell'Immacolata.** Der durch Spenden aus dem Volk finanzierte Spitzpfeiler stammt aus dem Jahre 1747 und es heißt, dass ihn Bourbonenkönig Karl anfertigen ließ, nachdem er vom Abbild der Jungfrau in der Kirche so entzückt war, dass er ihr Ebenbild auch noch auf dem Platz davor bestaunen wollte. Am 8. Dezember jeden Jahres – der Feiertag **Festa dell'Immacolata Concezione** – erklimmen Männer (meist der Freiwilligen Feuerwehr) den Obelisken, um der Jungfrau einen Blumenstrauß um die Beine zu binden.

Am nordöstlichen Ende der Piazza steht die Jesuitenkirche **Chiesa del Gesù Nuovo** mit ihrer Diamantquaderfassade – das Baumaterial war in erster Linie Peperin, ein vulkanisches Tuffgestein. Sie war ursprünglich ein 1470 errichteter Palast der Familie Sanseverino aus Salerno, wurde jedoch nach deren Flucht aus der Stadt in den Jahren 1584 bis 1601 von

Giuseppe Valeriani in das **barocke Gotteshaus** umgebaut, das es noch heute ist. Besonders eindrucksvoll im zumindest von außen einer Wehrkirche ähnelnden Gebäude sind der **Hauptaltar**, aber auch die **kleine Kapelle** zu Ehren des Dr. Giuseppe Moscati (1880–1927), der sich als Arzt für die Armen der Stadt einsetzte.

› **Chiesa del Gesù Nuovo,** Piazza del Gesù Nuovo 2, Metrostation Dante, Tel. 081 5578151, Mo–Sa 9–12.30 u. 17–19.15, So 8.30–13.30 u. 16.30–19.30 Uhr, Eintritt frei

11 Complesso Monumentale di Santa Chiara ★★★ [F3]

„Lebendige Geschichte" beschreibt wohl am treffendsten, was einen in diesem Gotteshaus aus dem 14. Jh. erwartet. Praktisch überall in der Chiesa di Santa Chiara und in ihrem wunderschönen Kreuzgang kann der Besucher die vergangenen Jahrhunderte spüren. Vielleicht liegt es ja an der Aura der hier begrabenen Bourbonenkönige, dass man das Gefühl hat, die Zeit sei stehengeblieben.

Am östlichen Ende der Piazza del Gesù Nuovo liegt der dunkle und äußerst massiv wirkende Gebäudekomplex des **franziskanischen Klarissenklosters Santa Chiara**, für den **Robert von Anjou** 1310 den Grundstein legte. Der ursprünglich im rein gotischen Stil errichtete Bau wurde ab Ende des 17. Jh. von Domenico Antonio Vaccaro teilweise barockisiert. Während der **Bombardements** im Jahre 1943 wurde das Gotteshaus jedoch stark zerstört und danach in seiner ursprünglichen Form restauriert, daher überwiegt heute wieder die Schlichtheit der **gotisch-angiovinischen Architektur** mit der der gottesfürchtige Robert den Komplex geplant hatte. Die rechteckig angelegte Kirche mit ihren insgesamt **20 Seitenkapellen** und den dazugehörigen, herrlich gefertigten **Glasfenstern** besticht durch ihre Simplizität, wobei das bunt einfallende Licht einen fantastischen Kontrast zu dem beinahe düster wirkenden, schmucklosen Innenraum darstellt.

Bedeutung erhielt die Chiesa di Santa Chiara ab dem Jahr 1742 als **Sepultura** („Grablege") der Könige und zahlreicher Adeliger aus dem Geschlecht der **Bourbonen.** Es waren König Karl IV. – der spätere König Karl III. von Spanien – und seine Frau Maria Amalia von Sachsen, die die Kirche zuerst als Grabstätte für ihre Tochter Maria Giuseppa Antonia wählten, doch darauf folgten weitere 47 Personen, darunter die vier hier bestatteten Könige beider Sizilien: Ferdinand I. (1751–1825), Franz I. (1777–1830), Ferdinand II. (1810–1859) und Franz II. (1836–1894). Sie wurden unter dem **Altar** bestattet, während die restlichen Familienmitglieder in einer der **rechten Seitenkapellen** ruhen. Den Neapolitanern ist die Basilica auch als letzte Ruhestätte des Kriegshelden **Salvo d'Acquisto** bekannt (s. S. 27).

Auf der linken Seite der Kirche gelangt man in den **Chiostro delle Maioliche**, einen der schönsten Kreuzgänge Italiens. Zwar wurde auch er bereits zu Zeiten der Anjous errichtet, doch es ist Maria Amalia zu verdanken, dass er in den **paradiesischen Garten** umgestaltet wurde, der er noch heute ist. Beachten sollte man die **majolikaverzierten Säulen und Bänke** unter der teilweise schattigen Pergola.

Architektonisches Erbe des Faschismus: der Palazzo delle Poste e Telegrafi

Neapel im Zweiten Weltkrieg

Nach der verheerenden Verarmung Neapels in Folge der Choleraepidemie von 1884 wurde die Stadt ab Anfang des 20. Jahrhunderts immer mehr zum **sozialpolitischen Brennpunkt,** in dem fanatische Kräfte leicht an Einfluss gewannen. So auch die **Faschisten,** die in ganz Süditalien deutlich mehr Anhänger bekamen als im Norden des Landes und 1922, kurz vor dem Marsch auf Rom, in Neapel einen großen Kongress abhielten.

Nach der Machtergreifung **Benito Mussolinis** im Oktober desselben Jahres wurden die Probleme durch die imperialen Bestrebungen und später durch den Zweiten Weltkrieg erst einmal überlagert und in den Hintergrund gedrängt. Die Faschisten „schenkten" der Stadt gewaltige Art-déco-Bauten wie den **Palazzo delle Poste e Telegrafi** und andere Palazzi an der Piazza Matteoti. Während des Kriegs wurde die Stadt wiederholt zum Ziel heftiger alliierter und später deutscher **Luftangriffe,** denen mehr als 20.000 Zivilisten und viele kunsthistorisch wertvolle Gebäude zum Opfer fielen. Die unterirdischen Zisternen und Katakomben wurden kurzerhand in Schutzräume ausgebaut. Nach der Absetzung und Verhaftung Mussolinis am 25. Juli 1943 wurde Neapel von Wehrmachtstruppen okkupiert und so dem **nationalsozialistischen Terrorregime** ausgesetzt. Durch den Vormarsch der Briten und Amerikaner auf die Stadt schöpften die Neapolitaner jedoch Mut und befreiten während der legendären **quattro giornate di Napoli** – den „vier Tagen Neapels" – die Stadt aus eigener Kraft noch vor dem Eintreffen der Alliierten am 1. Oktober 1943.

Der vielleicht bekannteste Held Neapels war der Unteroffizier der Carabinieri, **Salvo d'Acquisto** (1920–1943), der sich selbst fälschlich eines Anschlags auf die Deutschen bezichtigte, um 22 Menschen vor dem Tod zu bewahren. Er hob hervor, dass er allein die Verantwortung für den Anschlag trage und forderte die sofortige Freilassung aller als Repressalie willkürlich verhafteten Zivilisten. Dem stimmte der zuständige Kommandant der SS zu und ließ im Ausgleich d'Acquisto am 23. September 1943 standrechtlich erschießen.

036nl Abb.: dk

Vom Kreuzgang geht es in das **Museo dell'Opera di Santa Chiara,** in dem sich neben diversen Gegenständen, die das Feuer nach den Luftangriffen von 1943 überlebt haben, auch die Ausgrabungsstücke einer **römischen Thermenanlage** aus dem 1. Jh. n. Chr. befinden.

› **Complesso Monumentale di Santa Chiara,** Via Santa Chiara 49/c, Metrostation Dante, Tel. 081 0145942, www.monasterodisantachiara.it, Mo–Sa 9.30–17.30 u. So 10–14.30 Uhr, Eintritt 6 €, ermäßigt 4,50 € (Eintritt Kirche frei)

Der wunderschöne Kreuzgang der Chiesa di Santa Chiara 11

096nl Abb.: © demerzel21, stock.adobe.com

Dante und Port'Alba

Westlich des Centro Storico liegen die ehemaligen Vorstadtviertel, die früher durch die Stadtmauer vom Stadtkern getrennt waren. Eines der wenigen Überbleibsel aus dieser Zeit ist die 1625 erbaute Port'Alba, durch die man von der kleinen Piazza Bellini 12 *kommend auf die großzügige Piazza Dante* 13 *gelangt. Für den Besucher ist diese Gegend v. a. wegen der kleinen Gassen sehenswert, in denen sich meist gleich mehrere Geschäfte einem Segment widmen. So bietet z. B. die Via San Sebastiano Noten und Musikinstrumente, in der Via Santa Maria di Costantinopoli bekommt man Antiquitäten und die Via Port'Alba ist für antiquarische Bücher bekannt. Gegen Abend verwandelt sich die ganze Gegend in ein lebendiges Nightlife-Viertel, das speziell bei Studenten äußerst beliebt ist.*

12 Piazza Bellini ★★ [F2]

So manchem Touristen mag die Altstadt zu eng und zu laut und die Via Toledo 14 *zu wuselig und zu belebt sein. Glücklicherweise gibt es auch kleine Örtchen abseits des Trubels wie zum Beispiel die zauberhaft besinnliche Piazza Bellini mit ihren gemütlichen Bars und Literatencafés.*

Man erreicht die Piazza Bellini aus der Altstadt kommend über die Via Tribunali und deren Verlängerung, die Via Pietro a Maiella. Ab hier weichen die engen Gassen größer angelegten Straßen und auch die Gebäude wirken herrschaftlicher. Dazu gehört z. B. der direkt an der Piazza gelegene **Palazzo Conca,** der im 15. Jh. als prunkvollster Palazzo der Stadt galt. Direkt davor steht das **Denkmal** für den aus Catania stammenden

Opernkomponisten **Vincenzo Bellini** (1801–1835). Zu Füßen der Statue befinden sich die Überreste der **griechischen Stadtmauer**, die das antike Neapolis nach Westen hin abschloss.

Doch auch archäologisch und musikalisch uninteressierten Besuchern sei die beschauliche Piazza wärmstens ans Herz gelegt, denn hier befindet sich mit dem **IntraMoenia** (s. S. 83) eines der schönsten und gemütlichsten Cafés der Stadt. Vor allem gegen Abend verwandelt sich die Piazza Bellini dank dieser Adresse, aber auch dank der vielen weiteren **Bars** und **Restaurants** in unmittelbarer Nähe, in den Haupttreffpunkt der Bohemiens der Stadt und es ist gerade nach langen Museums- oder Kirchenbesuchen eine Wohltat, hier mal die **Seele baumeln** und Neapel für eine gewisse Zeit Neapel sein zu lassen!

Nach Norden führt die Via Santa Maria di Costantinopoli zum Museo Archeologico Nazionale (25). An der südwestlichen Seite der Piazza geht es durch das 1625 von Vizekönig Antonio Álvarez di Toledo gebaute **barocke Stadttor Port'Alba** – hier befinden sich die meisten **antiquarischen Buchhandlungen** der Stadt – zur großflächig angelegten Piazza Dante (13).

› Metrostation Dante

(13) Piazza Dante ★ [F2]

Der schönste Platz Neapels ist die Piazza Dante sicherlich nicht. Verkehrstechnisch führt an dem Platz, wo die Via Toledo (14) und die Gässchen des Centro Storico zusammentreffen, aber kaum ein Weg vorbei, zumal hier Anschluss an diverse Buslinien und – unerwartet auch für Kunstbegeisterte spannend – die Metro existiert.

An der östlichen Seite der Piazza Dante ist die rosa Fassade des halbrunden **Convitto Nazionale** zu sehen. Hierbei handelt es sich um einen von Luigi Vanvitelli zu Ehren des Bourbonenkönigs Karls VII. Mitte des 18. Jahrhunderts errichteten **Prachtbau**, an dem seltsamerweise auch heute noch, lange nach Ausrufung der Republik im Jahr 1946, der Name des einstigen italienischen Königs Vittorio Emanuele II. (1820–1878) „erstrahlt". Das etwas heruntergekommene Gebäude beherbergt mittlerweile jedoch – völlig unaristokratisch – eine Schule, mehrere Buchhandlungen und Cafés. Auch der berühmte italienische Dichter und Philosoph **Dante Alighieri** (1265–1321), dessen Namen der Platz trägt, steht etwas verloren auf seinem umzäunten **Denkmal** und erhebt den mahnenden Arm in Richtung der meist verkehrsverstopften Via Toledo.

Die wenigen **Sitzbänke** und einige Palmen können dem Platz zwar zumindest an warmen Tagen gegen Abend ein **Fünkchen Flair** verleihen, doch das künstlerische Herzstück der Piazza Dante liegt – paradoxerweise – unter der Erde in der **Metrostation.** Beim Herunterfahren mit der Rolltreppe bekommt man einige Kunstwerke zu sehen: Besonders sollte man auf Joseph Kosuths „Queste Cose Visibili" („Diese sichtbaren Dinge") achten, das als episches Zitat von Dantes „Il Convivio" verstanden werden will. Außerdem befinden sich in der Station Jannis Kounellis' interessantes **Schienen-Schuh-Objekt** und Michelangelo Pistolettos „Intermediterraneo", eine riesige Spiegelkarte des Mittelmeeres.

› Funicolare Montesanto,
Metrostation Dante

Toledo und Centro Monumentale

Südlich der Piazza Dante erstrecken sich die Via Toledo ⓮ und die anschließenden bzw. nahegelegenen Plätze Plebiscito ⓰ und Municipio ⓴ bis ans Meer – oder genauer gesagt bis zum Passagierhafenterminal Porto Beverello. Diese Gegend mit ihren v.a. aus dem 18. und 19. Jh. stammenden Prachtbauten bildet das verbleibende Herzstück der Epoche, in der sich Neapel noch rühmen konnte, Hauptstadt eines Großreichs zu sein. Besonders sehenswert sind v.a. die Galleria Umberto I. ⓯, der Palazzo Reale ⓱ und die mittelalterliche Festung Castel Nuovo ㉑. Für Freunde der Musik stellt ein Besuch in Neapels namhaftestem Opernhaus, dem Teatro San Carlo ⓳, ein unvergessliches Erlebnis dar.

⓮ Via Toledo ★★★ [E4]

Die Via Toledo, die größte und bekannteste Einkaufsstraße der Stadt, verläuft von der Piazza Trieste e Trento im Süden über einen Kilometer bis fast zur Piazza Dante ⓭ und ist dabei der perfekte Ort für einen Schaufensterbummel – oder auch für olympisches Hardcoreshopping.

Mit einer Vielzahl an Flagship-Stores großer Modeketten, **schicken Boutiquen** und einer großen Menge an Cafés, Schnellrestaurants und Eissalons bietet die Via Toledo fast schon ein Überangebot dessen, was das **Einkäuferherz** begehrt.

Die relativ breite, seit den 1990er-Jahren von Süden bis zur Via Armando Diaz **verkehrsberuhigte Straße** wurde 1536 vom **spanischen Vizekönig Pedro de Toledo** im Zuge der Stadterweiterung als bedeutende Nord-Süd-Achse entlang der Stadtmauer angelegt und entsprechend auch gleich nach ihm benannt. Als man sie im frisch vereinigten Italien 1870 in patriotischer Manier in Via Roma umbenannte, rümpfte die Bevölkerung die Nase und der neue Name hält sich bis heute nur noch auf einem kleinen Abschnitt kurz vor der Piazza Dante, ab der sich die Straße danach als Via Enrico Pessina weitere 500 m fortsetzt.

Ebenfalls aus dem 16. Jh. stammen die hügelaufwärts direkt im Westen der Straße angrenzenden **Quartieri Spagnoli** (Spanische Viertel), die heute mit ihren engen Gassen einen krassen Gegensatz zu den glanzvollen Prachtpalästen – immerhin lebten hier v.a. Adlige – entlang der Via darstellen. Die nostalgisch angehauchten Neapolitaner verbinden mit ihrer kurz „Toledo“ genannten **Lieblingsstraße** nach wie vor ein bisschen dieser längst vergangenen Zeit, in der die Stadt noch Zentrum einer bedeutenden Großmacht war, und so erstaunt es nicht, dass ihr in zahlreichen **Geschichten und Liedern** Zuneigung und Ehre gezollt wird. Den meisten Einwohnern Neapels dürfte zuallererst der berühmte Gassenhauer „Io, Mammeta E Tu“ von Renato Carosone (1920–2001) einfallen, in dem ein junger Mann auf der Toledo mit seiner Angebeteten spazierengeht, diese jedoch bedauerlicherweise ihre Mutter im Schlepptau hat. Nun, bis heute lieben es Menschen aller sozialen Schichten und Altersgruppen – ob mit oder ohne *mamma* –, die Toledo **auf und ab zu flanieren,** und wegen der dadurch entstehenden, höchst lebendigen Atmosphäre kann ein Besuch auch Shoppingmuffeln empfohlen werden. Positiv fällt

auf, dass sich trotz der **Rekordmietpreise** an der Via Toledo noch keine „Big Consumer Business"-Stimmung durchgesetzt hat und die Straße durchaus auch noch eine Art alternatives Einkaufsambiente in Form von kleinen Geschäften und gemütlichen Stöberlädchen aufweist. Dazu gesellen sich zahlreiche **Straßenmusiker**, verschiedene Aktionskünstler sowie Scharen fliegender Händler aus Afrika und dem indischen Subkontinent, die vorrangig **gefälschte Designertaschen und Accessoires** anbieten.

Wer sich nach Spiritualität sehnt, dem sei ein Besuch einer der sieben (!) Kirchen entlang der Via Toledo empfohlen, ganz besonders zu Weihnachten, wenn in vielen reich geschmückte Krippen zu bestaunen sind.

› Funicolare Centrale Augusteo oder Montesanto, Metrostation Dante oder Toledo

15 Galleria Umberto I. ★★★ [E5]

Shopping vom Feinsten! Die 1890 nach Plänen von Emmanuele Rocco und Ernesto di Mauro erbaute Einkaufspassage Galleria Umberto I. ist ein architektonisches Kleinod und mit edlen Boutiquen und Cafés gespickt.

Die Passage liegt direkt an der Via Toledo 14, ist aber auch von der Via San Carlo, der Via Giuseppe Verdi und der Via Santa Brigida zu begehen. Die Idee zum Bau der gewaltigen kreuzförmigen Galerie mit dem von Stahl überspannten, tonnenförmigen Glasdach stammt aus dem Jahre 1884, als nach der verheerenden Choleraepidemie eine grundlegende Stadterneuerung anstand und man Neapel ein repräsentatives Symbol schenken wollte. Man orientierte

Quartieri Spagnoli

Westlich der Via Toledo, am Fuße des Vomero, befinden sich die berühmt-berüchtigten „Spanischen Viertel" (Quartieri Spagnoli) mit ihren engen Gässchen, die Mitte des 16. Jh. schachbrettartig angelegt wurden. Ursprünglich wurden die Häuser als Unterkünfte für die spanischen Garnisonen konzipiert und nachdem die Soldaten sie verlassen hatten, siedelten sich ab dem 17. Jh. vor allem mittellose Neapolitaner an. Bis heute beherbergt das Viertel viele der **Ärmsten der Armen** bei astronomischen Arbeitslosenquoten. Nicht selten teilen sich Großfamilien winzige Wohnungen wie die im Erdgeschoss angesiedelten **bassi**.

Natürlich sorgt all dies für „sozialen Zündstoff" und führt unweigerlich zum Aufkommen von Kriminalität – tatsächlich kommt viel der negativen Publicity Neapels aus dieser Gegend. Andererseits besteht hier Verbundenheit unter den Bewohnern und so verwundert es nicht, dass sich viele selbst nach dem Erdbeben von 1980 den Evakuierungsplänen der Regierung widersetzten.

Wer zu einem **Spaziergang** durch das Viertel aufbricht, sollte besser den Schmuck im Hotel und den Fotoapparat in der Jacke lassen. Aber keine Angst: Mit gesundem Menschenverstand und einer Prise **Vorsicht** sind auch die Quartieri Spagnoli gefahrlos zu begehen.

Höhepunkte eines Besuchs der Viertel sind der **Markt La Pignasecca** (s. S. 95) und ein Mittag-/Abendessen bei **Da Nennella** (s. S. 74) bzw. in der **Osteria della Mattonella** (s. S. 75).

sich an der Mailänder Galleria Vittorio Emanuele II. und übertrumpfte diese sogar in der Höhe um zehn Meter, so misst die Galleria Umberto I. an der höchsten Stelle stattliche **57 m.**

Auf keinen Fall sollte man den aufwendig **gearbeiteten Stuck**, den **mehrfarbigen Marmorboden** und die im Zentrum eingearbeiteten **Tierkreiszeichen** übersehen.

Shoppingfans sei vor allem das Modehaus **Barbaro** (s. S. 90) empfohlen, das gleich über mehrere edel dekorierte Shops für Damen und Herren verfügt. Daneben gibt es hier eine Filiale der spanischen Modekette Zara, eine Parfümerie, aber auch kleine Tabaklädchen, Cafés und sogar eine Post (s. S. 120). Ob man nun Geld ausgeben möchte oder nicht, ist zweitrangig, denn ein Besuch in der Galleria Umberto I. gehört einfach zu einem Besuch dieses Teils der Stadt.

038nl Abb.: dk

Angenehm ist nicht zuletzt die Tatsache, dass hier – im Gegensatz zur Via Toledo – selbst am Wochenende nie übermäßig viel los ist und man somit perfekt eine **Verschnaufpause** ohne Trubel einlegen kann, z. B. bei **La Sfogliatella Mary** (s. S. 94).

› Via Toledo, Funicolare Centrale Augusteo, Metrostation Toledo oder Municipio

16 Piazza del Plebiscito ★★★ [E5]

Der neoklassizistische Hauptplatz im Zentrum der Stadt ist einer der schönsten Italiens und obendrein geschichtsträchtig. Sein Name erinnert an das Plebiszit, also die Volksabstimmung von 1860, mit der sich die Provinzen des Südens und Siziliens dem italienischen Reich anschlossen.

Die Piazza del Plebiscito ist in erster Linie durch die **Architektur** der umliegenden **Prachtbauten** reizvoll. Im Südwesten dominiert die eindrucksvolle Kirche Chiesa di San Francesco di Paola 18 mit ihrem im Halbkreis davor verlaufenden Kolonnadengang und ihr gegenüber befindet sich der ehemalige Königspalast, der imposante Palazzo Reale 17. Die Piazza wird außerdem von weiteren **Palazzi** flankiert und nach Nordosten kann man einen **weiten Blick** über den Hafen bis zum Vesuv erhaschen.

Die bauliche Anordnung, bei der sich Klerus und Monarchie gegenüberstehen, ist übrigens kein Zufall,

‹ Die Galleria Umberto I. mit ihrem gewölbten Glasdach

› Auf der Piazza del Plebiscito ist immer etwas los

stammt sie doch aus der **napoleonischen Ära.** Es war Joachim Murat, der Schwager des französischen „Self-made-Kaisers“, der 1809 den Auftrag zur Gestaltung des Platzes gab, allerdings wurde das Projekt erst unter dem Bourbonen Ferdinand I. im Jahre 1836 fertiggestellt, der es als **Symbol für seine Wiedereinsetzung** und die Verbannung Napoleons feiern ließ. Ihm zu Ehren wurde von Antonio Canova auch eine der beiden Reiterstatuen vor der Kirche errichtet – die andere zeigt Karl III.

Von jeher fanden auf dem Platz immer wieder wichtige **Kundgebungen, Umzüge bei Hochzeiten der Monarchen** oder **Kirchen-** und **Volksfeste** statt, darunter auch wahrhaftige **„Fressorgien“**, bei denen man die Gunst der Hunger leidenden Bevölkerung gewinnen wollte, indem man sie auf ein Startzeichen auf einen Berg von Nahrung „losließ“. Selbstverständlich galt dieses Schauspiel nur der Belustigung des Adels, der von den Balkonen des Palastes erheitert zusah.

Vom Ende des Zweiten Weltkriegs bis Anfang der 1990er-Jahre war es dann zunächst vorbei mit der repräsentativen Rolle und die Piazza diente nur noch als **profaner Parkplatz**, bis ihn Antonio Bassolino, der langjährige Bürgermeister der Stadt, mit Unterstützung der Staatsanwaltschaft räumen ließ und wieder zu dem machte, was er auch heute noch ist. Kein Wunder, dass die Piazza del Plebiscito vielen Neapolitanern dadurch als Symbol einer neuen Epoche, ja einer kulturellen Renaissance gilt. Heute finden hier zahlreiche **Konzerte** und **Festlichkeiten** wie die Kunsttage um Weihnachten herum und die große Silvesterparty, aber auch **politische Kundgebungen** und Demonstrationen statt.

060nl Abb.: dk

Direkt an die Piazza del Plebiscito schließt sich die Piazza Trieste e Trento an, an der sich das weltberühmte Teatro San Carlo 19 befindet. Kaffeehausliebhabern sei ein Abstecher ins **Gambrinus** (s. S. 81), eines der bekanntesten Cafés der Stadt, nahegelegt. Wer sich dagegen nach Ruhe sehnt, für den empfiehlt sich ein Spaziergang über die Via Cesario Console nach Südosten in Richtung Santa Lucia **zum Meer** und weiter bis zum Castel dell'Ovo 28.

› Funicolare Centrale Augusteo, Metrostation Toledo oder Municipio

17 Palazzo Reale ★★★ [F5]

Der Königliche Palast gilt als der erste Palastbau des Absolutismus in Neapel. Er wurde etwa Anfang des 17. Jh. zu Ehren des spanischen Königreiches gebaut. Heute befinden sich hier das Museo del Palazzo Reale, das eine der beachtlichsten Kollektionen an barocken und neoklassizistischen Kunstgegenständen weltweit umfasst, und die Nationalbibliothek.

Aufgrund des angekündigten Neapelbesuchs des spanischen Königs Philipp III. (1578–1621) beauftragte man um das Jahr 1600 den Tessiner Architekten **Domenico Fontana** mit dem Bau eines gebührenden Stadtpalastes. Der Besuch seiner Majestät fand allerdings nie statt und auch der Bau des Palastes dauerte weit länger als erwartet. Das heutige Aussehen des riesigen Anwesens geht auf eine umfassende Restaurierung nach einem **Brand im Jahr 1837** zurück. Residenz von Monarchen ist es jedoch bereits seit 1774 nicht mehr, als der Hof in die damals gerade neu erbaute Reggia von Caserta, etwa 40 Kilometer nördlich von Neapel, umzog.

Im Inneren des Palazzo Reale führt das imposante und lichtdurchflutete Treppenhaus zu den ehemaligen königlichen Gemächern (Appartamento Storico genannt), in denen sich das **Museo del Palazzo Reale** befindet. Neben der **reichhaltigen Sammlung** an Gemälden, Möbeln, Porzellan, Statuen und Wandteppichen ist unter den 30 Sälen vor allem das **Tea-**

039nl Abb.: dk

trino di Corte sehenswert, das 1768 errichtet wurde, um die Hochzeit von Ferdinand IV. und Maria Karolina von Österreich zu feiern. Besonders beeindruckend sind die von Angelo Viva aus Pappmaché gefertigten **Statuen von Apollo und den Musen** entlang der Wände. Außerdem sehenswert sind unter anderem das Gemälde „Avari Esattori delle Imposte" („Die geizigen Steuereintreiber") des flämischen Malers Marinus van Reymerswaele (1497–1567) in Saal XII, der kuriose, an ein Schöpfrad erinnernde und sich drehende Lesetisch Maria Karolinas in Saal XXIII sowie die eindrucksvolle **Weihnachtskrippe** in der Cappella Reale (Saal XXX). Zum Gebäudekomplex gehören auch die Gärten **Giardino Romantico** und **Giardino Pensile.**

Wer die **Biblioteca Nazionale** samt ihrer etwa 2000, aus Herculaneum stammenden **Papyrusschriften** besuchen möchte (Öffnungszeiten: Mo–Fr 8.30–15.30 Uhr, Eintritt frei), muss einen Lichtbildausweis mit sich führen.

Nicht übersehen sollte man die acht überlebensgroßen, als Machtdemonstration konzipierten **Herrscherfiguren** an der zur **Piazza del Plebiscito** ⑯ weisenden Hauptfassade.

› Piazza del Plebiscito 1, Funicolare Centrale Augusteo, Metrostation Municipio oder Toledo, Tel. 081 848800288 und 0039 0639967050, https://palazzorealedinapoli.org, Do–Di 9–20, Einlass bis 19 Uhr, Eintritt 10 €, ermäßigt 2 €

⑱ Chiesa di San Francesco di Paola ★★ [E5]

Die Gedächtniskirche im klassizistischen Stil an der Piazza del Plebiscito ⑯ mit dem sich davor erstreckenden Kolonnadengang gehört zu den imposantesten Bauten der Stadt. Auch im Inneren ist die steinerne Kuppel mit ihrem 34 m messenden Durchmesser atemberaubend.

Noch immer majestätisch – der Palazzo Reale

Domenico Fontana

Wer die Augen offen hält, begegnet in Neapel immer wieder seinem Namen: Domenico Fontana. Der 1543 im Schweizer Kanton Tessin geborene **Architekt, Maler und Bildhauer** gilt als einer der bedeutendsten Künstler der späten Renaissance.

Fontana kam 1563 als Student der Architektur nach Rom und erhielt sehr rasch das Vertrauen des Kardinals Montalto, des späteren **Papstes Sixtus V.,** der ihn Jahre später mit zahlreichen Bauprojekten im Vatikan beauftragte. Nach dem Tode Sixtus V. wurde Fontana die **Unterschlagung öffentlicher Gelder** vorgeworfen. Er musste Rom verlassen und ging darauf nach Neapel. Hier errichtete er u.a. den Palazzo Reale (17) sowie zahlreiche kirchliche und weltliche Bauwerke wie die Fontana del Nettuno an der Via Medina.

Bei Kanalbauarbeiten entdeckte Fontana im Jahr 1592 zufällig antike Inschriften, für die sich jedoch damals niemand interessierte. Erst 150 Jahre später stellte sich heraus, dass er **Pompeji** entdeckt hatte. Fontana starb 1607 in Neapel. Sein Grab befindet sich in der Chiesa di Santa Anna dei Lombardi an der Piazza Monteoliveto [F3].

Ursprünglich sollte hier zu Beginn des 19. Jh. ein Prachtbau zu Ehren Napoleons gebaut werden, so hatte es zumindest dessen Schwager, der damalige König von Neapel, **Joachim Murat** (1767–1815), geplant. Nachdem er zunächst die alten Klostergebäude abtragen ließ, um Platz für seine Bauvorhaben zu schaffen, wurde Napoleon aber kurzerhand abgesetzt und verbannt, und somit war auch das Schicksal Joachim Murats besiegelt.

In der Folge bestiegen **die Bourbonen** wieder den Thron von Neapel und der neue **König Ferdinand I.** – er ließ Joachim Murat standrechtlich erschießen – schrieb 1817 zum Dank für die wiedererlangte Herrschaft über die Stadt einen Wettbewerb zum Bau einer Kirche an gleicher Stelle aus. Sie sollte dem **heiligen Franz von Paola** gewidmet sein, der im 16. Jh. hier eine Zeit in einem Kloster verbracht hatte. Verantwortlich für den Bau zeichnete der aus Lugano stammende **Pietro Bianchi** und das Gotteshaus wurde schließlich 1836 von Papst Gregor XVI. geweiht.

Baulich erinnert die Chiesa di San Francesco di Paola an das **Pantheon in Rom,** ist dabei jedoch stark von der Schule des **Klassizismus** beeinflusst. Der Portikus der Fassade ruht auf sechs Säulen und zwei Pfeilern mit ionischen Kapitellen. Der Innenraum der Kirche ist eine **Rotunde,** die von 34 je 11 m hohen Säulen im korinthischen Stil umgeben wird, welche die 53 m hohe Hauptkuppel tragen. Seitlich schließen sich zwei **Seitenkapellen** an. In einer von ihnen befindet sich das Werk „Sant' Onofrio Orante" des Malers Luca Giordano (1634–1705).

Der mit Lapislazuli und anderen Edelsteinen **reich geschmückte Hauptaltar** ist eine Arbeit von Anselm Cangiano aus dem Jahr 1641.

› Piazza del Plebiscito, Funicolare Centrale Augusteo, Metrostation Toledo oder Municipio, Tel. 081 19484893, tägl. 8.30–19.30 Uhr, Eintritt frei

[>] Steinerne Löwen bewachen die Chiesa di San Francesco di Paola

040nl Abb.: dk

19 Teatro San Carlo ★★★ [E5]

Neapels Ruf als eines der Zentren der Schönen Künste in Europa wird wohl nirgends besser bestätigt als im Teatro San Carlo. Es zählt zu den wichtigsten und ruhmreichsten Opernhäusern Italiens. Für Sänger, Tänzer, Musiker, Kapellmeister, Regisseure und Intendanten ist eine Aufführung hier seit mehr als 250 Jahren ein Muss und es gibt kaum jemanden auf der „Who is Who"-Liste der internationalen Oper und des Balletts, der hier nicht bereits auf der Bühne stand. Wer es ins Teatro San Carlo geschafft hat, geht offiziell in die Annalen der italienischen Musikgeschichte ein.

Ein abendlicher Besuch (Tickets ab 10 €) in diesem **Traditionshaus** sollte auf jeden Fall Teil einer Neapelreise sein, denn das Teatro gehört nicht zuletzt wegen der **fantastischen Akustik** zu den großen Musikbühnen der Welt. Das Gebäude wurde zwischen 1735 und 1737 nach den Plänen der Architekten Giovanni Antonio Medrano und Angelo Carasale für den Bourbonenkönig Karl IV. konzipiert und errichtet und ist damit **das älteste, noch in Betrieb befindliche Opernhaus Europas.**

Die Idee zum Bau dieses Prachtbaus geht auf König Karl III. zurück, der der Stadt anstelle des alten verfallenden Teatro San Bartolomeo ein neues und repräsentatives Theater schenken wollte. Das Teatro San Carlo wurde letztlich am 4. November 1737 – dem Namenstag des Königs – mit einer Aufführung von Domenico Sarros „Achille in Sciro" eröffnet, der sein Werk bei diesem Anlass selbst dirigierte. Das Teatro war mit seinen damals 3300 Plätzen jahrelang die größte und angesehenste Oper der Welt – noch vor der Mailänder Scala – und galt durch seinen Klangraum, wegen **seiner Architektur** und seiner **reichen Einrichtung** als Vorbild für Opernhäuser in aller Herren

Länder. Aber auch durch die zahlreichen **Uraufführungen** – z. B. von Vincenzo Bellini, Gaetano Donizetti und Gioachino Rossini – war und ist das Teatro San Carlo bis zum heutigen Tag berühmt. **Große Tenöre** wie Franco Corelli, Galliano Masini, Mario del Monaco, Benjamino Gigli und natürlich **Enrico Caruso** haben in diesem Haus ihre Stimme erschallen lassen und viele Generationen der opernbegeisterten Neapolitaner „verzaubert".

Beachtlich ist, dass das Teatro San Carlo seit seiner Eröffnung **fast ununterbrochen in Betrieb** ist, sieht man von der Zeit zwischen Mai 1874 und Dezember 1876 ab, als die Wirren nach der Vereinigung Italiens dem Theater große finanzielle Probleme bescherten. Ansonsten gab es nur im Jahre 1816 einmal einen zehnmonatigen Spielstopp, als nach einem **Brand**, bei dem große Teile des Theaters zerstört wurden – das Licht kam damals von Gaslampen –, der Bau im **klassizistischen Stil** restauriert wurde.

Wer keine Zeit hat, das Teatro anlässlich einer abendlichen Vorstellung zu besuchen, aber trotzdem das sehenswerte Innere nicht verpassen möchte, der sollte sich einer Führung durch das Gebäude (ca. 40 Minuten) anschließen. Zu sehen sind die prachtvolle **Prunktreppe**, das **elegante Foyer** und der üppig mit Stuck- und Goldausstattung verzierte 1470 Sitze zählende **Zuschauerraum** mit der königlichen Loge, über der immer noch die Bourbonenkrone prangt, und den vielen Besucherlogen, in denen Spiegel den Blick auf die Königsfamilie ermöglichten – immerhin war der erste Applaus für sie reserviert.

› Via San Carlo 98F, Funicolare Centrale Augusteo, Metrostation Toledo oder Municipio, Informationen und Kartenreservierung: www.teatrosancarlo.it, Tel. 081 7972331, Führungen tägl. jede Stunde 10.30–16.30 Uhr, Eintritt: 9 €, ermäßigt 7 € (Ende Juli–Ende August keine Aufführungen, Besichtigung aber möglich)

041nl Abb.: dk

Enrico Caruso

Der vielleicht berühmteste Neapolitaner aller Zeiten war der **Opernsänger** Enrico Caruso, der am 25. Februar 1873 als Sohn einer armen, kinderreichen Familie im Viertel San Carlo all'Arena geboren wurde. Schon im Kirchenchor fiel er durch seine beeindruckende Stimme auf, nahm Gesangsunterricht und war bereits mit knapp 20 ein international gefeierter Star. Seine Beziehung zu Neapel war jedoch nicht ungetrübt, denn als er 1901 nach zahlreichen Erfolgen im In- und Ausland, darunter an der Mailänder Scala und im Londoner Covent Garden, wieder mal im Teatro San Carlo auftrat, „verrissen" ihn das Publikum und die Presse als **scugnizzo** („Straßenjunge"), der nur unter den Balkons singen sollte. Caruso vergaß dies nie und schwor sich, nie wieder in seiner Heimatstadt zu singen, sondern lediglich zum Pastaessen wiederzukommen – ein Schwur, den er zeitlebens hielt. Nach einer **Rippenfellentzündung** verstarb Caruso am 2. August 1921 im Grand Hotel Vesuvio in Santa Lucia und wurde auf dem Cimitero di Poggioreale begraben. Die ganze Stadt trauerte mehrere Tage lang.

In der Fachwelt gilt Caruso heute als einer der großartigsten Tenöre aller Zeiten und als bedeutendste Figur der Opernwelt. Eine Legende besagt, dass seine Stimme Glas zerspringen lassen konnte, doch war dies sicherlich nicht die Fähigkeit, auf die er am meisten stolz war. In seinen 48 Lebensjahren gab er eine Unmenge an Konzerten, darunter alleine 863 in der Metropolitan Opera in New York.

20 Piazza Municipio ★ [F4]

Östlich der Via Toledo, praktisch im Schatten des Castel Nuovo 21, liegt einer der wichtigsten Verkehrsknotenpunkte der Stadt: die Piazza Municipio. Hier befindet sich der Palazzo San Giacomo, in dem das Rathaus untergebracht ist, und auch viele Sehenswürdigkeiten sind nicht mehr als einen Katzensprung entfernt.

Bei diesem Platz zwischen dem im 19. Jh. gebauten Rathaus *(municipio)* und dem Passagierhafen handelt es sich weniger um eine Sehenswürdigkeit im klassischen Sinne als vielmehr um einen **sinnvollen Zwischenstopp** auf der Erkundungstour durch Neapel, denn an der gewaltigen Piazza führen zumindest **verkehrstechnisch** alle Wege zusammen. Man hat Anschluss an die Straßenbahnlinie 1, die U-Bahn und diverse Buslinien, darunter auch den Alibus zum Flughafen. Der weitere Ausbau der Metro macht einen Großteil des Platzes leider momentan relativ unattraktiv.

Die leicht ansteigende, in Form eines Rechtecks geschnittene Piazza Municipio ist nichtsdestotrotz einer der **Prachtplätze** der Stadt. Im Norden wird er flankiert vom namhaften **Teatro Mercadante** (s. S. 87) und dem Grand Hotel Londres, in dem sich das Verwaltungsgericht Kampaniens befindet, und im Nordosten von der **Chiesa San Giacomo degli Spagnoli,** der Grabmalskirche des spanischen Vizekönigs Pedro Álvarez de Toledo (1484–1553) und seiner Frau Maria.

„Ganz großes Theater" – der Hauptsaal des Teatro San Carlo

Das Paradoxe ist, dass bei dem Versuch, den Nahverkehr Neapels durch den Ausbau der Metrolinie 6 zu modernisieren, Archäologen hier auf die **Molen des antiken römischen Handelshafens** gestoßen sind, wodurch das Bauunternehmen zunächst gestoppt werden musste. Im früheren Uferbereich wurden die Reste mehrerer Handelsschiffe geborgen und des Weiteren fand man zahlreiche Münzen, Terrakottagefäße, noch verkorkte Amphoren und sogar ein Paar Sandalen. Laut Stadtverwaltung wird ein Teil der **spektakulären Funde** zukünftig in der fertiggestellten Metrostation ausgestellt.

› **Chiesa San Giacomo degli Spagnoli,** Piazza Municipio 27, Metrostation Toledo oder Municipio, Straßenbahnlinie 1, Tel. 081 5523759, Mo–Fr 7.30–11 und So 10.30–13 Uhr, Eintritt frei

21 Castel Nuovo ★★ [F5]

Wer mit dem Schiff in Neapel anlegt, nimmt die mittelalterlich anmutende Neue Burg (Castel Nuovo) direkt gegenüber dem zentralen Hafenterminal in der Regel als erste Hauptsehenswürdigkeit der Stadt wahr. Das gewaltige Bauwerk mit den vier Rundtürmen und dem – heute leeren – Wassergraben beherbergt das Museo Civico, das besonders für an der Stadtgeschichte interessierte Besucher zu empfehlen ist.

Als Karl I. von Anjou im Jahre 1266 den Thron bestieg und die Hauptstadt seines Königreichs nach Neapel verlegte, wurde es notwendig, eine **repräsentative Residenz** zu bauen. Zwar waren das Castel dell'Ovo und das Castel Capuano die normalen Aufenthaltsorte der Mächtigen, doch für die neue Kapitale brauchte man auch eine **Neue Burg** und so gab der König Anweisung zum Bau einer Festung nahe dem Meer. Unter der Aufsicht des französischen Priesters und Architekten Pierre de Chaule begannen 1279 die Arbeiten und dauerten insgesamt drei Jahre. Das Castel Nuovo – häufig auch **Maschio Angioino** genannt – blieb allerdings bis nach dem Tode Karls I. unbewohnt. Erst unter seinem Sohn, Karl II., und dessen Nachfolger, Robert von Anjou, der ab 1309 regierte, wurde die Burg mehrfach aus- und umgebaut und entwickelte sich zum **Zentrum des kulturellen und politischen Lebens** der Stadt. Berühmte Zeitgenossen wie Giovanni Boccaccio, Francesco Petrarca und **Giotto di Bordenone** waren häufig Gäste am angiovinischen Hof. Letzterer – er gilt als bedeutendster Maler seiner Zeit – zeichnete für die Ausgestaltung der **Palastkapelle** verantwortlich. Ein paar Fragmente seiner Arbeit sind noch in den Fensterbögen zu sehen.

Die Herrschaft der Anjous ging in einem Erbfolgekrieg zu Ende und das Castel Nuovo wurde 1347 von der Armee Ludwigs I. von Ungarn stark zerstört. Der umfangreiche Wiederaufbau und eine weitläufige Umgestaltung fand Mitte des 15. Jh. nach der Eroberung Neapels durch Alfons von Aragón statt. Aus dieser Zeit stammt der von Francesco Laurana entworfene **Triumphbogen** am Haupttor des Kastells, auf dem die feierliche Ankunft Alfons' als aufwendiges Relief zu sehen ist.

Noch heute betritt man die Festung über eine Brücke, die über den ehemaligen **Burggraben** reicht, das anschließende Triumphtor und ein weiteres Portal. Dahinter schließt sich der Hof mit der erwähnten Palastkapelle an. Links des Eingangs geht es zur Biblioteca di Storia Patria, über der

004nl Abb.: dk

sich – im 4. Stock, durch einen Aufzug zu erreichen – die leider nur selten geöffnete **Aussichtsterrasse** neben dem Torre di San Giorgio befindet.

Vom Kastellhof führt eine große Freitreppe nach oben zur **Sala dei Baroni**, einem einer Kathedrale nachempfundenen Festsaal mit herrlichem Deckengewölbe in 28 m Höhe. Im Jahre 1486 lud König Ferrante I. unter dem Vorwand, einen Disput regeln zu wollen, aufständische Barone zu einem Bankett hierher ein, um sie dann allesamt in den Kerker werfen zu lassen.

Im südöstlichen Teil des Kastells ist auf zwei Stockwerken das **Museo Civico** untergebracht, in dem in mehreren Räumen liturgische Artefakte, Skulpturen und Gemälde aus verschiedenen Epochen (ab dem 14. Jh.) ausgestellt sind. Im 1. Stock kann man z. B. das 1475 geschaffene ehemalige **Burgtor aus Bronze** besichtigen. Für einen Besuch sollte man etwa eine Stunde einplanen. Von der **Dachterrasse** im 2. Stock genießt man außerdem einen herrlichen Blick auf den Hafen.

Wer den einzigen öffentlich zugänglichen Turm, den im Nordosten gelegenen **Torre del Beverello**, mit seiner spektakulären Aussicht über den Hafen und die Piazza Municipio besteigen möchte (auch ein Aufzug steht zur Verfügung), muss sich an der Kasse für die jeweils stündlich stattfindenden Touren anmelden, in der Hauptsaison ist die Anmeldung nur online möglich.

› Piazza Municipio, Metrostation Toledo oder Municipio, Straßenbahnlinie 1, Tel. 081 7957722, https://castelnuovo.comune.napoli.it, Mo–Sa 8.30–17 Uhr (Einlass bis eine Stunde vor Schließung), Eintritt: 6 €

Von der Aussichtsterrasse des Castel Nuovo hat man einen herrlichen Blick über die Altstadt und den Hafen

Hafen und Universitätsviertel

22 Corso Umberto I. ★ [G3]

Nicht nur den Einheimischen mag Chiaia manchmal zu teuer und die Via Toledo 14 zu überlaufen sein. San Gennaro sei Dank gibt es da noch den Corso Umberto I. Er ist zugleich eine der größten Verkehrsadern und eine der bekanntesten Einkaufsstraßen Neapels.

Mit einer schier unermesslichen Anzahl an **Boutiquen** bietet der Corso Umberto I. – häufig auch als *il rettifilo* („der gerade Faden") bezeichnet – praktisch alles, was der modebewusste Shoppingfan begehrt. Schuhe, Alltags- oder Festkleidung für sie und ihn – man findet so ziemlich alles und dabei häufig zu ausgesprochen gemäßigten Preisen. Dazu gesellen sich Parfümerien, Bücher- und Elektronikgeschäfte und eine große Menge an Espressobars, Restaurants und Eissalons.

Die von breiten Gehsteigen gesäumte, **viel befahrene Straße** verläuft auf knapp eineinhalb Kilometern zwischen der Piazza Bovio und der Piazza Garibaldi 24. Geschäftsmeile ist sie dabei praktisch überall, wenn auch nicht unbedingt ständig auf beiden Straßenseiten, was leider ein häufiges Überqueren mit sich bringt. Wer die Straße komplett zu Fuß begehen möchte, dem wird empfohlen, von der Piazza Garibaldi (hier hat man Metroanschluss) stadteinwärts zu laufen, denn in dieser Richtung geht es leicht bergab. Wer die Wanderschuhe dagegen im Hotel vergessen hat, dem sei an dieser Stelle verraten, dass auf dem Corso diverse **Buslinien** verkehren.

Auch Shoppingmuffel sollten einen Besuch des Corso Umberto I. nicht zwangsläufig ausschließen, denn im Umkreis befinden sich einige interessante Sehenswürdigkeiten wie das Hauptgebäude der **Università di Napoli Federico II.** (Nr. 40) und die umliegenden Straßen wie die Via di Porta Massa, die Via San Giovanni Maggiore Pignatelli oder die Via Mezzocannone mit ihren Buchgeschäften, Imbisslokalen und Copyshops, die besonders unter der Woche vor **studentischem Leben** strotzen.

Für eine **Verschnaufpause** und einen schnellen Kaffee bietet sich die populäre **Bar Orientale** (s. S. 81) auf dem kleinen Platz namens Largo Girolamo Giusso an. Über die Via Mezzocannone gelangt man auch zu den vier unter dem Namen **Centro Musei Scienze Naturali** (s. S. 68) zusammengefassten Museen, die sich mit dem Thema Naturwissenschaften beschäftigen. Etwas weiter nördlich, jenseits der Piazza Nicola Amore, führt die Via Egiziaca a Forcella in das berüchtigte Forcella-Viertel (s. S. 45) und kurz vor der Piazza Garibaldi geht es über die Via Diomede Marvasi nach Süden in eines der internationalsten Marktviertel der Stadt namens Porta Nolana (s. S. 96).

Im gesamten nordöstlichen Abschnitt des Corso geht es verhältnismäßig unkonventionell und **nicht immer ganz legal** zu. So finden sich gerade hier „Hütchenspieler", Hehler und auch „Langfinger" – sprich **Betrügereien und Diebstähle** sind nicht ausgeschlossen. Einen Steinwurf entfernt, in der Via Silvio Spaventa, befindet sich allerdings das gemütliche Restaurant **Da Donato** (s. S. 74).

› Metrostationen Garibaldi und Università

23 Chiesa di Santa Maria del Carmine ★ [H3]

Fast in der ganzen Stadt ist der eindrucksvolle Glockenturm der Chiesa di Santa Maria del Carmine sichtbar. Das Innere der Kirche, deren Gründung auf das tragische Ende der Stauferdynastie zurückgeht, birgt einige Rätsel, denn hier sollen angeblich berühmte Zeitgenossen Neapels begraben sein, doch weiß niemand mehr so recht, wo genau. Außerdem gilt das Gotteshaus als die „Hauskirche" der Camorra, deren Angehörige hier vor größeren „Angelegenheiten" Kerzen spenden und Gebete sprechen.

Die nördlich des Cargo-Hafens gelegene **Basilika** wird gemessen an ihrer geschichtlichen Bedeutung eigentlich viel zu wenig beachtet. Immerhin handelt es sich um eines der wichtigsten historischen Bauwerke der Stadt, dessen Geschichte gleichzeitig zutiefst tragisch und wegweisend war: Hier auf dem Vorplatz des Gotteshauses wurde der 16-jährige **Corradino di Svevia** (Konrad II.) 1268 als letzter Staufer öffentlich enthauptet, nachdem er erfolglos versucht hatte, das Königreich Sizilien von Karl I. von Anjou zurückzugewinnen. Seine Mutter, **Elisabeth von Bayern**, ließ darauf die Kirche für ihn errichten und im Inneren findet sich ein Denkmal zu seinen Ehren – mit deutscher Inschrift –, das 1847 von Maximilian, dem Kronprinz von Bayern, errichtet wurde und unter dem sich angeblich Corradinos Grab befindet.

Die Kirche war jedoch auch in den folgenden Jahrhunderten noch **geschichtsträchtig.** 1647 hielt der 27-jährige neapolitanische Aufrührer **Tommaso Aniello** – kurz Masaniello genannt – von der Kanzel seine berühmte Rede, in der er zum

Das Tor zur Welt

Der **Porto di Napoli** – der Hafen Neapels – ist mit einem Passagieraufkommen von fast 7 Millionen Reisenden einer der größten Seehäfen Italiens. Von hier gibt es regelmäßige **Fährverbindungen** nach Capri, Ischia, Procida und Sorrent, aber auch zu weiteren nationalen und internationalen Zielen wie z. B. Sardinien, Sizilien und die Äolischen Inseln, Albanien, Griechenland, Korsika oder Tunesien. In Neapel legen aber auch **Kreuzfahrtschiffe** aus aller Welt an und es ist immer ein besonderes Erlebnis, dem geschäftigen Treiben auf der Hafenmole – **Molo Beverello** [F5] – beizuwohnen, wenn gerade mal wieder so ein „Riesenbrummer" ankommt oder abfährt.

Eindrucksvoll ist außerdem Neapels Funktion als **Fracht- und Containerhafen.** Auf knapp 134 ha Fläche und mit 11,5 km Länge hat der Hafen offiziell ein jährliches Frachtvolumen von stolzen 22 Millionen Tonnen Ware und etwa 500.000 Containern. Inoffiziell spricht man jedoch von weit mehr, denn laut der Zollbehörde werden bis zu 60 % der Güter an den Zollkontrollen vorbeigeschleust. Nicht unerheblich sind außerdem die Schmuggelwaren – die meisten davon aus China –, die häufig in Nacht- und Nebelaktionen bereits auf dem Meer „gelöscht" werden. Unnötig zu erwähnen, dass sich ein Besuch des Hafens unbedingt (!) auf den oben erwähnten **Molo Beverello** beschränken sollte.

› Grundsätzliche Infos zum Hafen: https://adsptirrenocentrale.it
› Abfahrts- und Ankunftszeiten der Fähren und Tragflügelboote: www.traghettilines.it

042nl Abb.: dk

Widerstand gegen die spanischen Herrscher aufrief. Kurz darauf wurde er verhaftet und getötet, worauf das Volk der Stadt ein pompöses Totenfest für ihn veranstaltete. Angeblich setzte man seine Leiche in einem anonymen Grab in der Kirche bei.

Heute ist die ursprünglich **gotische Kirche** mit der **reichen barocken Innenausstattung** besonders wegen des Bildes der **Madonna Bruna** hinter dem Altar bekannt. Der Legende nach soll sie das Gotteshaus einst vor einem Großbrand gerettet haben. Jeweils am 15. und 16. Juli findet ein **Feuerwerk** für sie statt, das an dieses Wunder erinnert.

Nach einem Besuch der Kirche sollte man den großzügig angelegten Marktplatz, die von zwei Brunnen mit Pyramidenaufsätzen flankierte **Piazza Mercato**, nicht übersehen. Von hier aus erstreckt sich nach Norden, speziell auf der Via Lavinaio, ein einem orientalischen Basar ähnelndes **„Billigeinkaufsgebiet"**.

› Piazza del Carmine 2 (Eingang über die Via del Carmine), Metrostation Garibaldi, Straßenbahnlinie 1, Tel. 081 201196, tägl. 6.45–12 und 18–19.30 Uhr, Eintritt frei

24 Piazza Garibaldi ★ [I2]

Die Piazza Garibaldi mag zwar nicht die schönste Neapels sein, doch **bei der Anreise** führt kaum ein Weg an ihr vorbei, befinden sich doch hier der **Hauptbahnhof** und die zentrale Haltestelle des vom Flughafen

Der Hauptaltar der Chiesa di Santa Maria del Carmine mit dem Bild der Madonna Bruna

Die B-Ebene der Piazza Garibaldi bietet eine Handvoll Shops und Zugang zur U-Bahn

kommenden Alibus. Der Platz stellt somit für viele Besucher den **ersten Eindruck der Stadt** dar. Ab der Piazza hat man **Anschluss** an sämtliche Metrolinien, alle wichtigen Buslinien und an die Straßenbahnlinie 1.

In seiner heutigen Form wurde der Platz im Jahr 1866 angelegt, als der ursprüngliche Hauptbahnhof fertiggestellt wurde. Umbauten folgten 1960 und 2010–2020. Sehenswert ist vor allem das namensgebende **Denkmal Giuseppe Garibaldis** (1807–1882), dem aus Nizza stammenden „Guerrillakämpfer", der als federführender Protagonist der italienischen Einigung gilt. Im Unterschied zu ähnlichen Monumenten in anderen Städten Italiens sitzt er hier nicht auf einem Pferd. Dies – so scherzen die Einheimischen – ist ihm abhandengekommen, immerhin hat er das Forcella-Viertel im Rücken.

Rund um den Platz befindet sich eine **große Anzahl an Hotels**, wobei sich viele davon auf „stundenweise Vermietung" spezialisiert haben.

Am südwestlichen Ende der Piazza findet Mo bis Sa von 8 bis 14 Uhr der beliebte bunte Markt **La Duchesca** statt und am nordwestlichen Ende gelangt man über die Via Alfonso d'Aragona zu **Mimì alla Ferrovia** (s. S. 75), einem der besten Restaurants mit traditionell neapolitanischer Küche.

090nl Abb.: dk

› Metrostation Garibaldi, Straßenbahnlinie 1

Forcella

Jenseits des Centro Storico, etwa östlich der Via Duomo bis zum Corso Umberto I. 22 im Süden und um die Piazza Garibaldi 24 im Osten, erstreckt sich das dubiose **Forcella-Viertel.** Mittlerweile ist es – zumindest tagsüber – kein absolutes No-go-Gebiet mehr, wie es in den 1990er-Jahren noch der Fall war, als sich die Familie Giuliano mit anderen Camorra-Clans einen blutigen Krieg lieferte. Die Zeiten haben sich glücklicherweise geändert, nicht zuletzt durch die stetig wachsende **Zivilcourage** von Seiten der Bevölkerung und durch solch mutige Personen wie Don Luigi Merola, den Pfarrer der Chiesa di San Giorgio Maggiore, dem es z. B. 2003 gelang, die von der **Camorra** im ganzen Viertel installierten Kameras entfernen zu lassen. Wer durch Forcella spazieren möchte, sollte die auf S. 121 beschriebenen Vorsichtsmaßnahmen beachten. Wer dagegen auf den „Adrenalinkick" verzichten kann, möge sich bei seinem Besuch getrost auf die Piazza Garibaldi beschränken.

Entdeckungen am Rande des Zentrums

Museo, Sanità und Capodimonte

Nördlich der Via Toledo (14) beginnt ein Abschnitt mit äußerst volkstümlichen Wohnvierteln, die sich in Richtung Norden und Nordosten den Capodimonte-Hügel hinaufziehen. Das zwielichtigste ist **Sanità**, wenn das Bild dieses Viertels auch extrem unterschiedlich sein kann.

Auf der einen Seite ist Sanità ohne jeden Zweifel eine Hochburg des **organisierten Verbrechens**, doch merkt der Besucher davon zumindest am Tage so gut wie nichts. Andererseits strahlt das Viertel noch ursprüngliches, ja geradezu **typisch neapolitanisches Flair** aus, wie es sonst nur noch selten zu finden ist. In Sanità sowie den angrenzenden Vierteln Museo und Capodimonte befinden sich die **Katakomben** (26), in denen der heilige Januarius ursprünglich begraben lag und die man im Rahmen von Führungen besichtigen kann, aber auch eine Reihe höchst interessanter Palazzi (s. S. 51) und der traumhaft erholsame **Orto Botanico** (s. S. 96).

Wer nur wenig Zeit zur Verfügung hat, sollte zumindest den beiden Highlights dieser Gegend einen Besuch abstatten: dem grandiosen **Museo Archeologico Nazionale** (25), das mit einer atemberaubenden Sammlung an römischen Ausgrabungsfunden aufwarten kann, und dem **Museo Nazionale di Capodimonte** (27), dem bedeutendsten Kunstmuseum der Stadt samt dem angrenzenden Park.

Totò – der lokale Superheld

Der prominenteste Sohn Sanitàs ist der auch über die Grenzen Italiens bekannte **Schauspieler, Drehbuchautor und Liedtexter** Totò, der am 15. Februar 1898 in einer kleinen Wohnung an der Ecke Vico San Felice und Via Santa Maria Antesaecula als unehelicher Sohn des Dienstmädchens Anna Clemente und des Marquis Giuseppe de Curtis – der allerdings erst 1928 die Vaterschaft anerkannte – geboren wurde.

Totò, der mit bürgerlichem Namen Antonio de Curtis Gagliardi Ducas Comneno di Bisanzio hieß, verkörperte in seinen hauptsächlich tragikomischen Filmen meist den **„(stereo)typischen" Neapolitaner**, der sich mit etwas List, einer Prise Hochstapelei, aber viel Humor und Nonchalance durch die Höhen und Tiefen des Lebens schlawienert. In 30 Jahren drehte er mehr als 100 Filme und viele der Szenen, in denen er im örtlichen Akzent wie ein Wasserfall seine Tiraden hervorsprudelt, sind nach wie vor **Kult.**

Totò starb am 15. April 1967 nach einer Reihe von **Herzinfarkten** im Alter von 69 Jahren in Rom, doch für die Einheimischen „lebt" er noch immer, so hängt sein Foto in fast jedem Geschäft sowie in nahezu jeder Privatwohnung Neapels und seine Filme sind so populär wie eh und je. Seit auch der Verwalter seiner Geburtswohnung verstorben ist, ist diese nicht mehr für die Öffentlichkeit zugänglich (sieht man von wenigen Tagen zu Ostern ab), dafür findet sich in der Via Santa Maria Antesaecula eine **Büste** mit seinem unverwechselbaren Antlitz.

25 Museo Archeologico Nazionale ★★★ [F1]

Im Zuge immer neuer Funde von Exponaten aus Herculaneum und Pompeji 35 wurde die Bourbonenresidenz in Portici als Ausstellungsgebäude irgendwann zu klein und so entschloss man sich 1822, ein damals noch zur Universität gehörendes Gebäude zum Archäologischen Museum umzufunktionieren. Die Idee kam König Fernando I., der im Jahr 1777 die gigantische antike Kollektion seiner Großmutter Elisabetta Farnese geerbt hatte und einen gebührenden Aufbewahrungsort für seine Kunstsammlung suchte. Weitere Stücke aus verschütteten römischen Siedlungen zu Füßen des Vesuv sollten später folgen. Bis heute ist das Museo Archeologico Nazionale eines der größten und wahrscheinlich bedeutendsten Museen seiner Art in ganz Europa.

Im Untergeschoss befindet sich die sog. **Epigrafische und Ägyptische Sammlung** mit Objekten, die während der römischen Herrschaft aus Ägypten nach Kampanien gelangten, darunter zahlreiche Statuen, Büsten und Obelisken, aber auch Sarkophage und sogar eine **Mumie**.

Man betritt das Museum jedoch im **Erdgeschoss**, in dem die **Farnesische Sammlung** zu bewundern ist, zu der vor allem Objekte gehören, die Alessandro Farnese – Papst Paul III. – im 16. Jh. aus Rom mitbrachte. Bereits im Atrium trifft man auf einige römische Ehrenstatuen wie z. B. die **„Tirannicidi“** (Tyrannentöter) Harmodios und Aristogeiton, die 514 v. Chr. ein Attentat auf den attischen Tyrannen Hipparchos verübten. In Fachkreisen gilt es als erstes Denkmal, das realen Personen und nicht Göttern gewidmet wurde. Ebenfalls im Atrium befinden sich die Reiterstatue des **Marcus Nonius Balbus**, die Statue der **Eumachia** und die erstklassige römische Kopie des klassischen **„Doryphoros“** (Speerträger). Das auf dem ca. um 440 v. Chr. entstandene Bronzeoriginal des griechischen Künstlers Polyklet basierende Meisterwerk diente auch in den folgenden Jahrhunderten vielen klassischen Bildhauern als Vorlage. Ein weiterer Höhepunkt im Erdgeschoss ist die Kultstatue der **Artemis von Ephesos**, deren Oberkörper mit zahlreichen Brüsten – oder Stierhoden, wie manche Archäologen meinen – bedeckt ist. Geradezu anmutig sind die Venusstatuen, z. B. die **„Venus Kallipygos“** (Saal 8), die dabei ist,

043nl Abb.: dk

Die Schönheit vieler Ausstellungsstücke im Museo Archeologico Nazionale ist überwältigend

sich zu entkleiden und über ihre eigene Schulter blickt, um ihr Spiegelbild im Wasser zu betrachten. Nicht zu übersehen sind die **monumentale Skulpturengruppe** namens **„Farnesischer Stier“** und der **„Herkules Farnese“** (Säle 11–12 und 16), die beide aus den Caracalla-Thermen in Rom stammen.

Weiter geht es im **Mezzanin**, in dem sich neben der vollständigsten **Münzsammlung** Italiens (Säle 51–56) auch verschiedene **Mosaike** aus der Casa del Fauno in Pompeji befinden. Besonders eindrucksvoll ist das weltberühmte 5,82 x 3,13 m messende **Bodenmosaik**, das Kunsthandwerker aus Alexandrien aus über 1,5 Millionen Steinchen in gelb, rot, schwarz und weiß geschaffen haben. Es zeigt die Schlacht zwischen Alexander dem Großen und dem Perserkönig Dareios III. im Jahre 333 v. Chr. bei Issos. Im Mezzanin befindet sich auch das **„Gabinetto segreto“** (das „heimliche Kabinett“, Saal 65), in dem sich Phallusse, pornographische Malereien und Statuen – darunter auch einige sodomistische wie die Szene des Pan mit der Ziege – aus Pompeji befinden (die Besichtigung muss am Eingang des Museums angemeldet werden – kein Zugang für Kinder unter 12 Jahren).

Im **ersten Stock** finden sich Artefakte aus Ausgrabungsstätten in Süditalien, darunter farbenfrohe **Fresken**, die Landschaften, Stillleben, Gebäude oder historische Szenen zeigen (in den Sälen 79 bis 84 befinden sich die **Wandfresken des pompejischen Isis-Tempels**), aber auch Waffen, Geschirr, Gläser, Silberartikel und sogar Chirurgenbestecke sind hier ausgestellt (Säle 85–89). Im Saal 96 steht ein **Korkmodell Pompejis** und die Säle 118 bis 140 präsentieren weitere Funde aus griechischer und etruskischer Zeit. Den Abschluß des Museums bilden **prähistorische Funde** und eine Sammlung **griechischer Vasen** im **zweiten Stock**.

Wer bei diesem Angebot überfordet ist (man sollte für einen Besuch mindestens zwei Stunden einplanen), kann sich getrost auf das Erdgeschoss und – je nach persönlichem Interesse – auf das Mezzanin oder den ersten Stock beschränken. Übrigens: Wer die Ausgrabungen in **Herculaneum** und **Pompeji** besichtigen möchte, sollte **möglichst vorher** das Museo Archeologico Nazionale besuchen, da hier viel zu sehen ist, worüber die Ruinen vor Ort nur noch spärlich Aufschluss geben können.

› Piazza Museo 19, Metrostation Museo u. Cavour, https://mann-napoli.it, Tel. 081 4422149, Mi–Mo 9–19.30 Uhr, Eintritt 18 €, ermäßigt 2 €. Im August sind nicht alle Säle geöffnet.

MEIN TIPP

Das Beste, was das Meer zu bieten hat

Vom Museo Archeologico Nazionale **25** verläuft die vielbefahrene Via Foria in nordöstlicher Richtung. Kurz vor dem Orto Botanico (s. S. 96) liegt das beliebte Fischrestaurant **'A Figlia d'o Marenaro**, das speziell für seine feuerscharfe Oktopussuppe und andere grandiose, typisch neapolitanische Meeresspezialitäten bekannt ist.

4 [ei] **'A Figlia d'o Marenaro**, Via Foria 180/182, Tel. 081 440827

26 Catacombe di San Gennaro ★★ [dh]

Die **Katakomben des heiligen Januarius** gehören zu den beachtlichsten Zeugnissen frühchristlicher Kunst. Praktisch der gesamte vulkanische Tuffsteinuntergrund Neapels

Tot in Napoli

Mit dem Ticket für die **Catacombe di San Gennaro** 26 hat man auch freien Eintritt in die **Catacombe di San Gaudioso.** Man erreicht diese durch die Basilica di Santa Maria della Sanità über die unterhalb der Kirche liegende Friedhofskapelle. An der rechten Seite des Hauptaltars befindet sich die Kammer, die die Grabstätte des Bischofs Gaudioso (Ende 4. Jh.–455) von Abitina (im heutigen Tunesien) beherbergt. Hier befindet sich auch ein Mosaik, das den Heiligen darstellt. Besonders berühmt sind die Katakomben aber speziell wegen der sich in dem Wandelgang befindenden sog. **cantarelle,** also aus Tuffstein geschlagene Sitze mit darunterliegenden Töpfen, auf die man die Toten setzte, ihre Köpfe an der Wand befestigte und sie dann „auslaufen" ließ. Die Leibessäfte wurden in den Töpfen aufgefangen und der Körper trocknete vollkommen aus, bevor man ihn letzlich – häufig stehend – bestattete.

Wer noch nicht genug von diesem makabren „Schauspiel" hat, den mag ein Besuch des **Cimitero delle Fontanelle,** einem Friedhof, der in den Tuffsteinhügel Materdei gegraben wurde, interessieren. Ähnlich wie in der **Santa Maria Purgatorio ad Arco** (s. S. 20) steht hier die Verehrung anonymer Verstorbener im Zentrum. Der Friedhof stellt eine Art Beinhaus mit zahlreichen Sälen dar, in denen unzählige Knochen und Schädel aufbewahrt werden. Manche sind in Schaukästen platziert und wurden von Gläubigen „adoptiert".

★**5** [di] **Catacombe di San Gaudioso,** Piazza della Sanità 14, Buslinie C51, https://catacombedinapoli.it, Tel. 081 7443714, tägl. 10–17 Uhr (Führungen jeweils zur vollen Stunde), Eintritt 11 €, ermäßigt 5 €

★**6** [di] **Cimiterio delle Fontanelle,** Via Fontanelle 80, Buslinie C51, www.cimiterofontanelle.com/de, Tel. 081 19256964, geöffnet: tägl. 10–17 Uhr, Eintritt frei

ist ein riesiges, einer Bienenwabe ähnelndes **Labyrinth,** in dem Zisternen und Wasserleitungen, aber auch Kavernen teilweise sogar auf die griechisch-römische Epoche zurückgehen. Im nördlichen Teil der Stadt, unterhalb der Kirche **Basilica di Madre di Buon Consiglio,** liegen diese Katakomben, die ab dem 2. Jh., also noch vor der offiziellen Anerkennung des Christentums, als **christliche Grabstätten** errichtet wurden.

Ihre erste Erwähnung erfolgte, als der Bischof San Agrippino hier unten in einer Adelsgruft bestattet wurde, doch erst zwei Jahrhunderte später, also Anfang des 4. Jh. n. Chr., wurden die Katakomben zur **Kultstätte,** als man ebenda die Gebeine des **Märtyrers Januarius** (272–305) bestatten ließ. Interessant ist, dass der aus Benevent stammende Januarius wahrscheinlich selbst nie in Neapel war, doch als die christliche Bevölkerung der Stadt einen Schutzpatron und Märtyrer brauchte, bediente man sich seiner sterblichen Überreste.

Die Catacombe di San Gennaro erstrecken sich auf zwei Ebenen und bestehen aus **zahlreichen Wandelgängen,** in deren Wänden und Böden **Gräber und Gruften** geschlagen wurden. Besonders eindrucksvoll sind die **Wandfresken** im Eingangsbereich

und über den Gruften, von denen einige erstaunlich gut erhalten sind. Bis ins 10. Jh. hinein wurden hier noch christliche Würdenträger und einige Herzöge bestattet, doch der heilige Januarius liegt mittlerweile im Duomo di San Gennaro ❶.

Ein Besuch der Katakomben ist nur im Zuge einer **Führung** (auf Italienisch oder Englisch, Dauer ca. eine Stunde) möglich und wird Kindern unter zehn Jahren nicht empfohlen.

› Via Tondo di Capodimonte 13, Buslinie C63, https://catacombedinapoli.it, Tel. 081 7443714, tägl. 10–17 Uhr (Führungen jeweils zur vollen Stunde), Eintritt 11 €, ermäßigt 7 €. Das Ticket berechtigt auch zum Besuch der Catacombe di San Gaudioso (s. S. 49).

27 Museo Nazionale di Capodimonte ★★★ [eh]

Nicht nur wegen der traumhaften Parkanlage direkt an der Stadtgrenze, sondern auch wegen der Möglichkeit, eines der bedeutendsten Gemäldemuseen Italiens zu besichtigen, lohnt ein Besuch des Museo Nazionale di Capodimonte. Wo heute kunstinteressierte Touristen wandeln, war noch bis 1947 der Adel – genauer, der Herzog von Aosta – ansässig.

Letztlich ist es der Jagdleidenschaft des **Bourbonenkönigs Karls III.** (1716–1788) zu verdanken, dass Neapel über dieses Museum mit einer der umfangreichsten **Gemäldesammlungen** Europas verfügt. Ursprünglich als Jagdschlößchen konzipiert, ließ er das Gebäudeensemble 1732 kurzerhand zum **großzügigen Palazzo** umbauen, um die Kunstkollektion seiner Mutter Elisabetta Farnese würdig präsentieren zu können. V. a. aus Parma und Rom kamen die **Wagenladungen mit Gemälden** so herausragender Meister wie Giovanni Bellini, Sandro Botticelli, Jan Brueghel der Ältere, Caravaggio, El Greco Masaccio und Tizian nach Neapel und stellen bis heute das **Herzstück** der permanenten, erst seit 1957 der Allgemeinheit zugänglichen Ausstellung dar.

Auf insgesamt drei Stockwerken erstrecken sich die Säle des Museums, wobei die **Sammlung Farnese** mit italienischen und europäischen Meistern des 15. bis 17. Jh. vorrangig im ersten Stock, in den ehemaligen **königlichen Gemächern**, untergebracht ist. Hier sollte der Blick nicht ausschließlich auf die Bilder gerichtet sein, denn in den **herrschaftlichen Räumen** finden sich bezaubernde Details wie Mobiliar, Gobelins, Lampen, Kerzenleuchter und edle Schnitzereien (z. B. aus Elfenbein). Eine der Hauptsehenswürdigkeiten ist jedoch z. B. der komplett in handbemalter und teils vergoldeter Keramik im Rokokostil ausgekleidete **Salottino di Porcelana** der Maria Amalia von Sachsen, der Ehefrau des Königs. Nicht minder sehenswert sind die einmaligen **Porträts Raffaels und Tizians** von Kardinal Alessandro Farnese, dem späteren Papst Paul III., Simone Martinis gotisches Meisterwerk **„San Ludovico di Tolosa“**, Andrea Mantegnas Bildnis von Francesco Gonzaga, Sandro Botticellis **„Madonna mit Kind und Engeln“**, Tizians unvergleichliche **„Danae“**, Giovanni Bellinis **„Verwandlung“** und Jacob Phillip Hackerts **„Ferdinand IV. auf der Jagd am Lago Fusaro“**.

Im zweiten Stock sind zuerst die sieben gewaltigen **arazzi** („Wandteppiche“) zu beachten, auf denen in de-

⊡ *Wenn das Treppenhaus zum Kunstwerk wird – der Palazzo Sanfelice*

taillierter Form die **Schlacht bei Pavia** (1525) dargestellt wird, in der sich die Habsburger gegen die Valois unter Franz I. durchsetzten und damit ihre Vorherrschaft in Italien festigten. Außerdem sind in diesem Stockwerk v.a. – wenn auch nicht ausschließlich – die Gemälde **neapolitanischer Künstler** zu sehen, so z.B. Francesco Solimenas Porträt des Principe Tarsia Spinelli, Simone Martinis „Heiliger Ludwig von Toulouse", Artemisia Gentileschis grausammes Werk **„Judith und Holofernes"**, die aus dem Leben gegriffenen Szenen von **Jusepe de Ribera**, die düsteren Werke von **Andrea Vaccaro** und natürlich das bahnbrechende „Sahnestück" der Sammlung: **Caravaggios „Geißelung Christi"**. Im dritten Stock befinden sich **Historien-**

Die Palazzi der Sanità

Das Viertel Sanità bestricht v.a. durch seine Authentizität und durch das brodelnde Leben, das in diesem dichtbevölkerten Wohngebiet mit seinen engen Gässchen herrscht. Doch auch **architektonisch** interessierten Besuchern sei ein Spaziergang durch die Sanità empfohlen, denn nördlich der Piazza Cavour stehen zwei der bedeutendsten barocken Stadtpaläste Neapels, beide gefertigt vom „Treppenfetischisten" **Ferdinando Sanfelice** (1675–1748).

Da ist zuerst der aufwendig renovierte **Palazzo dello Spagnolo** mit seinem eindrucksvollen Innenhof, bei dem das Treppenhaus wie Flügel eines Raubvogels wirken, und nach ca. 300 m in nordöstlicher Richtung kommt man zum leider stark vernachlässigten **Palazzo Sanfelice**, der das Wohnhaus des Baumeisters darstellte und bei dem er sein Konzept eines offenen Treppenhauses zum ersten Mal umsetzen konnte.

★**7** [F1] **Palazzo dello Spagnolo,** Via dei Vergini 19

★**8** [F1] **Palazzo Sanfelice,** Via Sanità 2–6

044nl Abb.: dk

045nl Abb.: dk

und Landschaftsmalereien ab dem 19. Jh., aber auch **zeitgenössische Kunstwerke** von Rene Burri, Jannis Kounellis, Mario Merz und Mimmo Paladino. Besonders interessant ist hier **Andy Warhols** poppiges Werk **„Vesuv“** aus dem Jahre 1985.

Doch nicht nur der Schönen Künste wegen verschlägt es die Besucher auf den Capodimonte-Hügel: Besonders beliebt ist auch der mehr als 7 km² große, nach einem Entwurf des Architekten Ferdinando Sanfelice angelegte **Park**, der sich um den Palast erstreckt. Von hier aus hat man einen herrlichen Ausblick auf die Stadt und besonders am Wochenende verwandelt sich die Grünanlage in ein Refugium für verliebte Pärchen, Radfahrer, Spaziergänger und Familien mit Kindern.

In dem Gebäude, in dem sich heute eine Kunstgewerbeschule befindet, war früher die **Reale Fabbrica delle Porcellane,** die Königliche Porzellanmanufaktur, untergebracht, die Karl III. 1739 ins Leben rief, um seiner aus Dresden stammenden und in Meissner Porzellanstatuetten verliebten Ehefrau einen Herzenswunsch zu erfüllen.

› Via Miano 2, Buslinien 168 und 178, Tel. 081 7499111, https://capodimonte.cultura.gov.it, Do–Di 8.30–19.30 Uhr, Eintritt 12 €, ermäßigt 2 € (Eintritt in den Park: frei), Dauer eines Besuchs: mindestens zwei Stunden

Santa Lucia, Chiaia und Mergellina

Genug der Kultur und Kirchen? Wie wäre es dann mit einer wohlverdienten Pause irgendwo entlang dem Meeresufer? Ab der Südseite der Piazza del Plebiscito **16** *erstreckt sich das viel besungene ehemalige Fischerviertel Santa Lucia, das heute besonders durch Luxushotels und Fischrestaurants an vorderster Uferfront gekennzeichnet ist. Hier befindet sich auch*

Das Museo Nazionale di Capodimonte bietet Frischluft im Park und Kunst in der Gemäldegalerie

das mysteriöse Castel dell'Ovo 28 mit dem davorgelegenen Jachthafen. Nach Westen zieht sich der Lungomare 30 über drei Kilometer entlang der wohlhabenden Stadtviertel Chiaia (mit seinen edlen Boutiquen) und Mergellina (mit reichlich Freizeitprogramm) bis nach Posillipo, von wo man mit einem atemberaubenden Panoramablick auf den Golf belohnt wird.

28 Castel dell'Ovo ★★★ [E7]

Ein Besuch des Castel dell'Ovo ist Pflicht jedes Neapelbesuchers, denn hier auf dem Inselvorsprung Megaris gründeten einst die Griechen die Stadt Partenope. Man bewegt sich also auf historischem Boden.

Aufzeichnungen und Funden nach siedelten sich die Griechen etwa ab dem 7. Jahrhundert v. Chr. auf der **Felseninsel** an, da hier angeblich das Grab der Sirene Partenope lag. In römischer Zeit, etwa im 1. Jh. v. Chr., hatte der Feldherr Lucullus dann an dieser Stelle eine seiner zahlreichen Villen. Später gründeten Mönche – eine Legende spricht auch von aus Konstantinopel stammenden Nonnen um die heilige Patrizia – auf dem Eiland eine Einsiedelei und als Neapel im 12. Jh. an die **Normannen** fiel, begannen diese, die Halbinsel militärisch zu befestigen. Das Castel, so wie es heute hier zu sehen ist, stammt jedoch aus der Zeit der Herrschaft der Anjou (1266–1442), die sie ausbauten, um sich Angriffen der Staufer und der Aragonesen zu widersetzen.

Heute dient das Castel v. a. als **Ausstellungsgelände** (oft für moderne Kunst), aber auch als Tagungsort und Kulturzentrum. Ein Besuch des Castels lohnt v. a. wegen des **sagenhaften Ausblicks** in Richtung Chiaia und Mergellina, den man von den zahlreichen **Aussichtsplattformen** genießen

Von Eiern und Legenden

Sie fragen sich, woher der Name Castel dell'Ovo („Eiburg") kommen mag? Nun, die Neapolitaner führen ihn auf eine mittelalterliche Legende zurück, der zufolge der römische Dichter und Magier Vergil (70 v. Chr. – 19 v. Chr.) ein Ei in eine Flasche gezaubert und diese irgendwo an der Stelle der heutigen Festung vergraben haben soll. Laut seines Zauberspruchs hängt wohl die Unversehrtheit des Zauber-Eis untrennbar mit dem Schicksal der gesamten Stadt zusammen. Da kann man nur hinzufügen: **„Se non è vero, è ben trovato ..."** („Wenn es nicht wahr ist, ist es zumindest gut erfunden...").

Das prächtige Castel dell'Ovo 28 schützte jahrhundertelang die Stadt

047nl Abb.: dk

kann. Einen 360-Grad-Rundblick hat man vom obersten Stockwerk (Vorsicht mit Kindern, denn die Brüstungen hier sind erstaunlich niedrig!), das man entweder **zu Fuß** erreicht (nach der Zugbrücke links die Rampe aufwärts) oder alternativ **mit dem Aufzug.** Wundern Sie sich nicht, dass die historischen Kanonen in Richtung Stadt zeigen, sie standen ursprünglich auf der dem Meer zugewandten Seite.

Unterhalb des Castels liegt der **Porto di Santa Lucia** – der Jachthafen –, an dem sich einige der besten, wenngleich auch teuersten **Fischrestaurants** der Stadt wie z.B. das berühmte La Bersagliera (s.S. 77) angesiedelt haben. Unmittelbar am nördlichen Ende der Halbinsel erstreckt sich die Via Partenope, eine breite, weitestgehend verkehrsberuhigte Uferstraße, an der die luxuriösen Hotels der Stadt liegen und an der im westlichen Teil weitere **Gourmettempel** um die Gunst der hungrigen Mägen buhlen.

› Borgo Marinari, Metrostation Municipio, Tel. 081 2400055, Mo–Sa 9–18.30 (im Sommer bis 19.30), So 9–14 Uhr, Eintritt frei

29 Piazza dei Martiri ★★ [D6]

Willkomen auf Neapels exklusivster Shoppingmeile! Hier im schicken Chiaia wird das Thema „Einkaufen" ganz großgeschrieben. Nach dem Motto „Kleider machen Leute" schieben sich sieben Tage die Woche von früh bis spät Menschen aller Altersgruppen durch die Geschäfte und Boutiquen des Viertels.

Das Herzstück Chiaias bildet die Piazza dei Martiri, in deren Mitte ein **Obelisk** steht, der an die Märtyrer der antibourbonischen Aufstände von 1799, 1820, 1848 und 1860 erinnert. Hier auf dem Platz und in der nach Süden in Richtung Piazza Vittoria und Uferpromenade verlaufenden **Via Calabritto** finden sich Filialen und Verkaufsstellen praktisch aller **italienischen Edelmarken** von Armani bis Zegna, aber auch **neapolitanischer Hersteller,** wie das über die Riviera di Chiaia zu erreichende Geschäft von E. Marinella (s.S. 90), das „Mekka" für Krawattenträger.

Doch auch die anliegenden Gassen und Straßen wie die Via Gaetano Filangeri, die Via Alabardieri, die Via Carlo Poerio und speziell die verkehrsberuhigte, in Richtung Nordosten zur Via Toledo 14 verlaufende **Via Chiaia** weisen ein übermäßig großes Angebot an **Modeboutiquen** und **Schuhgeschäften** auf, wobei grundsätzlich die Preise der angebotenen Ware mit zunehmendem Abstand zur Piazza dei Martiri geringer werden. Nur wenige Geschäfte – wie z.B. das tolle **Buch- und Musikgeschäft Feltrinelli** (s.S. 91) – widmen sich nicht dem Thema Fashion.

In der gesamten Gegend kommt **gegen Nachmittag** der volle Trubel auf, wenn in der Altstadt so langsam die Sehenswürdigkeiten schließen und sich ein Hauch von Morbidität über die müde werdenden Marktviertel legt. Es scheint, als ströme das schicke und junge Neapel nach Chiaia, um hier – wie bei einer Modeschau – durch die hell erleuchteten Straßen zu flanieren. Die Menge an guten örtlichen **Restaurants** wie das einfache Da Tonino (s.S. 75), die recht exklusive Pizzeria Manfredi (s.S. 80), das populäre Pino (s.S. 76) oder das berühmte Umberto (s.S. 77) leisten hierzu ihren Beitrag. Doch selbst nach dem Dinner geht in Chiaia noch gewaltig die Post ab, so finden sich in der Vico Belledonne a Chiaia und in den umliegenden Gässchen die **hippsten Bars und Kneipen** der City. Wer jetzt den Eindruck be-

kommen hat, dass sich ein Besuch Chiaias nur zu fortgeschrittener Stunde lohnt, der irrt: Wer gegen Vormittag zu einem Spaziergang durch das Viertel aufbricht, wird von der **Normalität des Lebens** hier entzückt sein. Kurz: Chiaia ist zu jeder Tages- und Nachtzeit für ein bisschen **Abwechslung** gut.

› Piazza dei Martiri, Buslinien 140, 151 und 154, Straßenbahnlinie 1

30 Lungomare (Via Francesco Caracciolo) ★★ [C6]

Zwischen dem Castel dell'Ovo 28 und dem Porticciolo di Mergellina 31 spannt sich die – allgemein als Lungomare bekannte – Uferstraße (bestehend aus der Via Partenope und der Via Francesco Caracciolo). Sie ist in Teilabschnitten verkehrsberuhigt und zieht scharenweise Spaziergänger, Jogger, Radfahrer (hier verläuft, für Neapel ganz untypisch, ein abgetrennter Radweg), Skater und (frisch?) verliebte Pärchen an.

Neben den immer neuen **Fotoperspektiven** auf den Vesuv, die Landzunge um Sorrent und die vorgelagerte Insel Capri ist die **Schiffsanlegestelle** mit dem kleinen Strandabschnitt sehenswert. Sie befindet sich gegenüber der Reiterstatue von Armando Diaz (1861–1928), die an den Sieg Italiens über Österreich-Ungarn im Ersten Weltkrieg erinnert. Am Anleger sieht man oft gegen Morgen Fischer mit ihren Booten, die den **frischen Fang** feilbieten. Hier und an vielen Stellen entlang dem Lungomare gehen die Einheimischen auch zum Schwimmen ins Meer, doch die Wasserqualität ist strömungsbedingt nicht besonders, weshalb Besucher zum Baden lieber etwas entfernte Buchten wie in Posillipo (s. S. 57) vorziehen sollten.

Nicht nur wasserscheuen Besuchern sei hingegen ein Abstecher in die **Villa Comunale** [B–D6] zwischen der Via Francesco Caracciolo und der Riviera di Chiaia empfohlen. Dieser ursprünglich *Giardino Reale* („Königlicher Garten") genannte **Park** ist speziell an Wochenenden ein beliebtes Ausflugsziel für **Familien mit Kindern.** Bis 1825 stand hier der „Farnesische Stier", heute ein Prunkstück des Archäologischen Museums 25, wurde aber dann von einer antiken Brunnenschale aus Paestum ersetzt. Inmitten der Villa Comunale befin-

MEIN TIPP

Tunnel Borbonico

Praktisch ganz Neapel ist mit einem **unterirdischen Zisternensystem** versehen und dieser Abschnitt ist besonders außergewöhnlich, denn er wurde 1853 vom Bourbonenkönig Ferdinand II. als Fluchtweg zwischen dem Palast und der nahegelegenen Kaserne angelegt. Im Zweiten Weltkrieg diente der Tunnel als Luftschutzkeller und in den 1950er-Jahren wurden hier ausrangierte Autos und Motorräder abgestellt, die man heute bei einer Besichtigung sehen kann.

Man besucht den Tunnel entweder auf einer eineinhalb Stunden dauernden geführten Tour (auf Italienisch oder Englisch) zu Fuß oder in Verbindung mit einer Floßfahrt und einer Seilrutsche.

★9 [E5] **Tunnel Borbonico,** Vico del Grottone 4 (Haupteingang mit steilem Treppenabgang), alternativ Via Domenico Morelli 61 (zweiter Eingang durch das Parkhaus Quick Park Morelli), Tel. 081 7645808, www.galleriaborbonica.com/en, Fr–So 10, 12, 15, 17 Uhr (Reservierung empfohlen), Eintritt 11 €, erm. 6 €

det sich auch das **älteste Aquarium Europas:** die Stazione Zoologica (s. S. 71).

Weiter nördlich liegt die imposante **Villa Pignatelli,** deren Park sich den Hang hinaufzieht. In der Villa ist das Museo Pignatelli (s. S. 71) untergebracht, das Interessantes zum Leben des neapolitanischen Adels im 19. Jh. vermittelt. Am westlichen Ende des Lungomare schließt der kleine Hafen Porticciolo di Mergellina 31 an.

› Via Francesco Caracciolo, Metrostation Amedeo, Buslinie 140

31 Porticciolo di Mergellina ★★ [ck]

Ob auf ein herrliches „gelato", ein Foto des beschaulichen Fischereihafens, als Sprungbrett auf die nahegelegenen Inseln oder einfach nur, um die erfrischend natürliche Leichtigkeit dieser Gegend zu erschnuppern, ein Spaziergang durch Mergellina ist sicher eine gelungene Abwechslung zum Trubel im Rest der Stadt.

Bereits im äußersten Westen des Golfs von Neapel gelegen, am Fuße des Posillipo-Hügels, erstreckt sich das **Viertel Mergellina.** Hier ist man weit entfernt von der smoggeplagten Innenstadt, von den überlaufenen Shoppingdistrikten und den klassischen Hauptsehenswürdigkeiten. Mergellina wird in erster Linie von dessen **Porticciolo** – also dem kleinen Hafen – geprägt, den sich die **Fischer,** Jachtbesitzer und die Betreiber der **Tragflügelboote** zu den Inseln Ischia, Procida und Capri untereinander aufgeteilt haben.

Doch die Fährintervalle sind weit weniger häufig als am großen Porto di Beverello und so strahlen der Hafen und das ganze Viertel meist etwas geradezu **Geruhsames** aus. Richtig voll wird es höchstens mal an lauen Sommerabenden, wenn Groß und Klein, Jung und Alt die Gegend bevölkern und sich bei **Chalet Ciro** (s. S. 81) mit dem vielleicht **beliebtesten Eis der Stadt** erfrischen.

Ansonsten gehört dieser Abschnitt der Bucht zuallererst den Fischern, die morgens mit ihren bunten Booten in See stechen und ab Nachmittag im Schatten ihre Netze flicken und entlang dem Ufer ihre fangfrischen „Schätze" verkaufen. Apropos **Fisch:** die Restaurants in unmittelbarer Hafennähe haben sich – wen wundert's – auf Meeresgetier spezialisiert, sind dabei jedoch meist etwas günstiger als die in Santa Lucia.

Doch nicht nur wegen der Fische, des Meeres und des grandiosen Panoramas lohnt es sich, Mergellina zu besuchen, denn gerade die Tatsache, dass das Viertel so **erquickend normal** ist, macht es besonders.

› Via Francesco Caracciolo, Metrostation Mergellina, Funicolare Mergellina

MEIN TIPP

Einkehren bei Nonna Anna

Das Lokal ist allgemein unter dem Namen *Nonna Anna* (Oma Anna) bekannt, doch über dem Eingang steht pragmatisch *cibi cotti* (gekochte Speisen) und genau so unkonventionell geht es hier im kleinen Marktrestaurant von Mergellina auch zu. Mittagsmenüs für unter 10 € (abends geschlossen) und dazu eine Riesenportion Charme und Witz der urneapolitanischen Kellner. Unbedingt erlebenswert.

10 [A6] **Cibi Cotti** €, Via Ferdinando Galiani 30 (in der kleinen Markthalle), Tel. 081 682844

Wie eh und je – Fischerboote am Porticciolo di Mergellina

Posillipo

Südwestlich von Mergellina erstreckt sich der Posillipo genannte Hügel, der die Bucht von Neapel von der Pozzuolis trennt. Auf dem Rest eines riesigen Vulkankraters oberhalb der hier bereits recht hohen Steilküste befindet sich eine der bevorzugtesten und teuersten Wohngegenden Neapels – und das bereits seit der Antike, hat die Gegend doch ihren Namen von der römischen Villa Pausilypon ㉜*. In Posillipo sind vor allem der donnerstags stattfindende Mercato del Casale (s. S. 95), die wegen ihres spektakulären Ausblicks einzigartige Panoramastraße entlang der Küste (z. B. mit Buslinie 140 zu befahren) und der Parco Virgiliano (s. S. 96) besuchenswert.*

㉜ Parco Archeologico del Pausilypon ★ [al]

Inmitten einer der **liebreizendsten Abschnitte** der kampanischen Küste liegen die Überreste der **sagenumwobenen Villa Pausilypon** (wortwörtlich: „Ende des Leidens"), die sich der römische Senator und persönliche Freund Kaiser Augustus', Publius Vedius Pollio (gestorben 15 v. Chr.), bauen ließ. Man betritt die Ruinen der Villa (nur mit einer Führung zu besuchen), durch die von Cocceius erbaute **Grotta di Seiano**, einen etwa 770 m langen **Tunnel** entlang der Küste, der auf den Aussichtsgalerien immer wieder neue Ausblicke auf die Bucht erlaubt und Posillipo mit Bagnoli jenseits der Hügelkette verbindet. Ebenfalls zur Villa gehört das **antike Theater**, in dem gelegentlich Freiluftaufführungen abgehalten werden.

Weiter unterhalb und über einen Pfad kurz vor der Villa zu erreichen, liegt die **Halbinsel La Gaiola**, auf der sich die nicht besonders ansehnliche, neoklassizistische Villa der Familie Agnelli – der Haupteigentümer von Fiat – befindet.

Um die Küste und die Unterwasserwelt zu schützen, gründete man ein **Naturschutzprojekt** namens **Parco Sommerso di Gaiola.** Besucher können bei Bootsfahrten und **geführten Schnorchelausflügen d**ie angrenzende Meeresfauna und -flora erkunden, aber auch **archäologische Reste** der Antike wie z. B. römische Fischzuchtbecken entdecken.

› **Parco Archeologico del Pausilypon,** Discesa Coroglio 36, Buslinie 140 bis Coroglio Istituto Denza, ca. 20 Min. zu Fuß ab

048nl Abb.: dk

Mein Tipp

Pack die Badehose ein!

Posillipo ist definitiv **„the place to be“**, wenn es in Neapel um Meer und Schwimmen geht, denn hier am westlichsten Ende ist die Wasserqualität weit besser als anderswo in der Bucht. Wer sich erfrischen möchte, dem sei das **Bagno Elena** empfohlen, ein traditionsreiches Strandbad mit gastronomischer Infrastruktur. Schöner, aber von der Innenstadt etwas weiter entfernt ist der Fischerhafen **Borgo Marechiaro,** an dem besonders die Gastronomie – z. B. Al Faretto (s. S. 77) oder Marechiaro Hostaria la Vela (s. S. 75) – berühmt ist, doch hier gelangt man auch über Holzstege hinunter ins erfrischende Nass. Bei beiden Adressen werden Liegestühle, Sonnenschirme und im Bagno Elena auch Kabinen vermietet (ab 15 €).

S11 [ck] **Bagno Elena,** Via Posillipo 14, Buslinie 140, Tel. 081 5755058, www.bagnoelena.it

S12 [bl] **Borgo Marechiaro,** Via Marechiaro – über die Via Franco Alfano zu erreichen, Buslinie 140, (Haltestelle Coroglio etwa 800 m oberhalb der Bucht), https://borgomarechiaro.it

049nl Abb.: dk

der Bushaltestelle, Tel. 081 2403235 oder 3285947790 (Kontrollanruf vor Besuch wird empfohlen), www.gaiola.org, Führungen Do 11.30, Fr 10, 12, Sa, So 10, 12, 16, 18 Uhr, Eintritt 7 €, erm. 4 €, Bootsausflüge 12 €/Person, erm. 10 €, Schnorchelausflüge (Ausrüstung inklusive) 20 €/Person. Für alle Aktivitäten ist eine Reservierung erforderlich! Keine Kosten für den Besuch des Küstenabschnitts.

Vomero

Gut 250 m über dem Meer thront der Vomero, das Herzstück des wohlhabenden und schicken Neapel. Hier oben, weit weg von den engen Gassen der volkstümlichen Viertel der Unterstadt, gibt sich das gut situierte Bürgertum ein Stelldichein und tatsächlich wirkt der Vomero wie ein anderes Universum, fernab von Smog, Trubel und Armut. Zwar klagen die älteren Generationen, dass das Stadtviertel nicht mehr das ist, was es einmal war, denn speziell ab Ende der 1950er-Jahre fielen viele der Jugendstilvillen mit ihren Parks der korrupten Baupolitik zum Opfer, doch zum Glück haben sich Oasen wie die **Villa Floridiana** (s. S. 98) oder die Gärten der sehenswerten **Certosa di San Martino** 34 erhalten, in denen man nach wie vor lustwandeln kann. Das Highlight hier oben – zumindest was den Ausblick anbelangt – ist zweifelsohne das **Castel Sant'Elmo** 33, aber auch zum Shoppen ist das Viertel empfehlenswert, geht es auf der Piazza Vanvitelli und der angrenzenden Fußgängerzone, der Via Alessandro Scarlatti, doch weit stressfreier zu als anderswo in der Stadt. Man erreicht den Vomero am besten mit der Metro oder mit einer der drei Funicolare genannten Schienenseilbahnlinien.

33 Castel Sant'Elmo ★★ [D4]

Von den Aussichtsplattformen des klobigen Castel Sant'Elmo genießt man Neapel aus der Vogelperspektive.

Das Castel Sant'Elmo kann durchaus als eines der **Wahrzeichen Neapels** bezeichnet werden, liegt es doch hoch oben auf dem Vomero, direkt über der Innenstadt und ist somit von fast überall deutlich zu erkennen. Der Bau der Festung begann 1329 während der Regentschaft von **Robert von Anjou**, der trotz seiner zahlreichen politischen Fehlschläge und der zwölf verlorenen Kriegszüge in Neapel ein hohes Ansehen genoss, denn er galt als aktiver Förderer der Wissenschaft und der Kunst. Fertiggestellt wurde das Castel jedoch erst 1343, im Jahr seines Todes, und erhielt seinen Namen von der im 10. Jh. gebauten **Kirche Sant'Erasmo**, wobei Erasmo zu Ermo und später Elmo verkürzt wurde.

Pedro Álvarez de Toledo, der spanische Vizekönig, ließ die Festung im 16. Jh. erweitern, indem er die noch heute existierende **sternförmige Bastion** mit ihren **sechs Wällen** anlegen ließ. Das war auch nötig, denn während der Revolution von 1647, dem sog. Masaniello-Aufstand, musste der spanische Adel in der Festung Zuflucht vor den Revolutionären suchen.

Das Castel Sant'Elmo gilt bis heute als Symbol der nur kurz währenden **Parthenopäischen Republik** von 1799, denn es waren die Republikaner, die die berüchtigten Lazzaroni (Aufständische aus den ärmsten Bevölkerungsschichten) aus der Festung vertrieben und so die Vorherrschaft über die Stadt erlangten.

◁ *In Posillipo lockt an vielen Stellen das erfrischende Nass!*

Funiculì, Funiculà!

Die Fahrt mit der **Funicolare** mag einem vielleicht das berühmte Lied **„Funiculì, Funiculà"** in den Sinn und auf die Lippen bringen. Das im neapolitanischen Dialekt verfasste Stück wurde im Jahr 1880 aus Anlass der Eröffnung der Standseilbahn auf den Vesuv geschrieben. Es ist Produkt einer Zusammenarbeit des Textdichters **Peppino Turco** und des Komponisten **Luigi Denza** und die Melodie wurde sechs Jahre später von Richard Strauss in seiner sinfonischen Dichtung „Aus Italien" verarbeitet. Der bekannte Refrain lautet im Original: **„Jammo, jammo 'ncoppa, jammo jà, funiculì, funiculà!"** („Lass uns fahren, lass uns hinauffahren, lass uns schon fahren, Funicu-hier, Funicu-da!")

Die Funicolare auf den Vesuv gibt es seit dem Ausbruch von 1943 nicht mehr, aber Ende des 19. und Anfang des 20. Jh. wurden die Linien auf den Vomero gebaut, die heute noch verkehren. Die ebenfalls noch existierenden Treppenwege waren davor die einzige Möglichkeit, auf den Vomero zu gelangen.

Von 1860 bis 1952 diente die Festung als **Militärgefängnis** – die Nazis versuchten 1943 erfolglos, es zu sprengen – und blieb danach noch bis 1979 im Besitz der Armee. Nach mehrjährigen Renovierungsarbeiten ist das Castel seit 1982 öffentlich zugänglich und beherbergt verschiedene Kultur- und Wissenschafteinrichtungen, unter anderem die Kunsthistorische Bibliothek, aber auch das der **Kunst des 20. Jh.** gewidmete Museo del Novecento Napoli (s. S. 69).

Außerordentlich attraktiv ist das Castel Sant'Elmo aber wegen seiner **Aussichtsplattformen** entlang der Mauer, denn von hier oben hat man einen **Rundumblick** auf Neapel, den Vesuv und den Golf. Bei klaren Sichtverhältnissen erkennt man sogar die vorgelagerten Inseln wie Capri, Ischia oder Procida, die Halbinsel von Sorrent und den Gebirgszug des Apennin.

› Via Tito Angelini 20, Metrostation Vanvitelli, Funicolare Cimarosa, Piazza Fuga oder Morghen – ab hier sind es jeweils etwa 5–10 Minuten Fußmarsch bergauf, Tel. 081 2294404, www.beniculturali.it/luogo/castel-sant-elmo-e-museo-del-novecento-a-napoli, tägl. 8.30–19.30 Uhr, Eintritt 5 €, ermäßigt 2 €

34 Certosa di San Martino ★★★ [D4]

Am Fuße des Castel Sant'Elmo 33 *befindet sich das monumentale, heute nicht mehr bewohnte Kartäuserkloster Certosa di San Martino aus dem 14. Jh., das über eine einzigartige Sammlung an Kunstschätzen und Devotionalien verfügt. Kein Wunder, dass sich die kunstbegeisterten Mönche hier in dieser außergewöhnlichen Lage mit ihrem unvergleichlichen Panorama der Stadt wohlfühlten, stellt die Certosa doch bis heute einen der traumhaftesten Orte Neapels dar.*

Es ist Karl, dem Herzog von Kalabrien, zu verdanken, dass hier oben auf dem Vomero 1325 eines der **prachtvollsten Bauwerke** der Stadt errichtet wurde: das Kloster **Certosa di San Martino**, das Sankt Martin (316–397), dem Bischof von Tours, gewidmet wurde. Das im 17. Jh. vollständig im Stile des **Barock** umgestaltete Ensemble entspricht zwar auch auf den zweiten Blick nicht gerade den Statuten der Kartäuser, die sich ja eigentlich durch ihre **eremitische Lebensweise** auszeichnen, doch kommt dies dem Besucher nur zugute, finden sich in der Certosa doch beinahe prasserische Mengen an **Gemälden, Fresken, Altären** und **Marmorskulpturen.**

Die Mönche waren leidenschaftliche Kunstfreunde und eifrige Sammler und beauftragten ab dem 16. Jh. die berühmtesten Künstler ihrer Zeit, immer neue Impulse für die Gestaltung des Gebäudes zu geben, weshalb ein Besuch des Klosters einen beinahe **vollständigen Überblick** über die neapolitanische **Barockkunst** gibt. Sehenswert sind v. a. die Kirche und der dahinter liegende **geschnitzte Chor** mit der **Sakristei**, die **Kapellen** sowie im Außenbereich der **Große Kreuzgang**, in dem sich auch der Klosterfriedhof befindet, und natürlich die fantastischen, **üppig bepflanzten Gärten** mit den Aussichtsterrassen.

Das Kloster ist seit 1866 nicht mehr in Betrieb und wurde auf Initiative des Archäologen Giuseppe Fiorelli zu einer der Hauptattraktionen der Stadt. An das Klostergebäude angegliedert ist das **Museo Nazionale di San Martino**, das die Geschichte der Stadt dokumentiert und eine eindrucksvolle Gemäldesammlung (u. a. Werke aus der Renaissance und dem Barock) beherbergt. Ein Besuch des ganzen Ensembles nimmt etwa zwei Stunden in Anspruch und ist durchaus auch für Kinder empfehlenswert, immerhin befindet sich hier auch die große **Weihnachtskrippenausstellung.**

› Largo San Martino 5, Metrostation Vanvitelli, Funicolare Cimarosa, Piazza Fuga oder Morghen, Tel. 081 2294503, www.beniculturali.it/luogo/certosa-e-museo-di-san-martino, Do–Di 8.30–19 Uhr, Eintritt 6 €, ermäßigt 2 €

Ziele in der Umgebung

35 Pompeji ★★★ [Umgebung]

Wohl keine andere Sehenswürdigkeit im Großraum Neapel zieht so viele Besucher an wie die Ausgrabungsstätten um den antiken römischen Küstenort Pompeji und tatsächlich sollte man sich die etwa 44 ha messende und damit größte zusammenhängende Stadtruine der Welt nicht entgehen lassen.

Das kaum 30 km von Neapel entfernte Pompeji bestand über einen Zeitraum von etwa 700 Jahren als bedeutender Handelsplatz und wurde u.a. von Griechen, Etruskern und Römern bewohnt. Durch einen **Ausbruch des Vesuv** am 24. August 79 n. Chr. (das Datum ist umstritten) versank die Stadt – zeitgleich mit den nahegelegenen Orten Herculaneum und Stabiae – unter einer gewaltigen Ascheschicht, die alles Leben in kürzester Zeit erstickte. Bis zu ihrer Wiederentdeckung im 18. Jh. sollte die Ruinenstadt eine Art „Winterschlaf" halten.

Interessant ist, dass Pompeji gerade für die lokale Bevölkerung immer noch ein abschreckendes Zeugnis der Naturgewalt des Vesuvs ablegt, denn dass er **wieder ausbrechen** wird, bezweifelt selbst unter den Experten niemand. Theoretisch wäre ein ähnliches Schicksal für die Orte entlang der Hänge des Vulkans – inklusive dem östlichen Neapel – auch aktuell nicht unmöglich.

Pompeji ist heute keine herkömmliche Ausgrabungsstätte, sondern es handelt sich um eine teilweise noch **erstaunlich intakte Stadt**, die wie eine Momentaufnahme aus einer längst vergessenen Zeit erscheint. Zu den **Highlights** eines Besuchs zählen z. B. das Forum – der Hauptplatz, auf dem sich das öffentliche Leben abspielte –, verschiedene Stadthäuser und Wohngebäude, das Theater und das Amphitheater, die Thermen, das Bordell mit seinen Fresken, aber auch die antike Infrastruktur und nicht zuletzt die weltbekannten Gipsabdrücke einiger Opfer des Ausbruchs.

Der archäologisch bisher nicht vorgebildete Besucher, der auf eigene Faust durch Pompeji zieht, mag inmitten der schier „unendlichen" Ruinen schnell den Überblick verlieren, weshalb eine **Führung** (s. S. 122) oder einer der am Eingang an der Porta Marina erhältlichen **Audioguides** zu empfehlen sind (auch auf Deutsch, 6,50 € für 120 Minuten).

Für einen Besuch sollte man einen **halben Tag einplanen** und besonders in der Hauptsaison erhebliche Wartezeiten vor den einzelnen Ausgrabungsstätten einkalkulieren. Die App MyPompeii (s. S. 116) zeigt an, wie viele Besucher jeweils anstehen.

Wer möchte, kann sich an der Piazza Anfiteatro ein Fahrrad samt Helm mieten und für Besucher mit Gehbehinderung gibt es eine spezielle Besichtigungstour („Friendly Pompei").

› Via Villa dei Misteri 2, www.pompeiisites.org, Tel. 081 8575347, April–Okt. tägl. 9–19, Nov.–März tägl. 9–17 Uhr (letzter Einlass 90 Min. vor Kassenschluss), Eintritt 16 €, ermäßigt 2 €, frei für EU-Bürger unter 18 bzw. über 65 Jahren sowie am ersten So im Monat für alle, dreitägiges Kombiticket inkl. Boscoreale, Herculaneum, Oplontis und Stabiae 21 € bzw. 4 €.

› **Anfahrt:** Man erreicht die Ausgrabungen ab der Station Circumvesuviana (Piazza Garibaldi 24) mit dem Nahverkehrszug (3 € pro Fahrt) in Richtung Sorrent (Station Pompei Scavi – Villa Misteri/ Eingang Porta Marina) oder mit dem Zug in Richtung Poggiomarino (Station Pompei Santuario/ Eingang Piazza Anfiteatro).

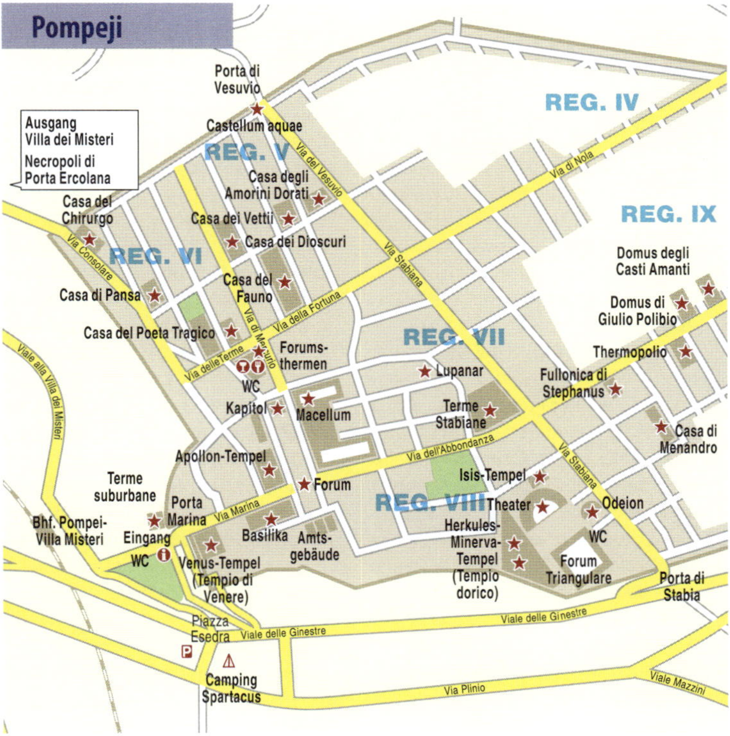

36 Vesuvio ★★ [Umgebung]

Als unangefochtenes Wahrzeichen Neapels und gleichzeitig als immerwährendes Symbol der Bedrohung für seine Bewohner ragt der gewaltige zweigipflige Vulkan Vesuvio im Osten der Stadt in den Himmel. Heute präsentiert er sich als Rest eines ehemals wesentlich höheren Vulkans, dessen Spitze zu einem Kraterkessel mit einem Durchmesser von etwa 4 km eingefallen ist. Inmitten dieser sogenannten Caldera ragt der neugebildete 1281 m hohe Kegel des „eigentlichen" Vesuvs heraus, den zweiten Gipfel nennt man Monte Somma.

Im Laufe der letzten 2000 Jahre hat er sich zwar nicht sehr häufig zu Wort gemeldet, doch wenn, dann dafür umso heftiger. Der nachweislich **verheerendste Ausbruch** – insbesondere für die an den Hängen mit ihrer äußerst fruchtbaren Erde siedelnden Menschen – war der von 79 n. Chr., der die römischen Siedlungen Pompeji, Herculaneum und Stabiae für Jahrhunderte unter Asche und Bimsstein begrub. Es folgten Eruptionen in den Jahren 203 und 473 sowie u. a. 1631, bei der knapp 4000 Menschen ihr Leben verloren. Der **letzte Ausbruch** ereignete sich im März 1944 (hierbei wurden 12.000 Personen evakuiert

und 26 fanden den Tod). Der Vesuv ist der einzig verbleibende aktive Vulkan auf dem europäischen Festland und auch wenn Seismologen bestätigen, dass er sich seit Jahren in einer Ruhephase befindet und sein 3 km tiefer Schlund fest verpfropft ist, so brodelt doch in seinem Inneren wie eh und je das Zerstörung bringende Magma. Mit gerade einmal **9 km Entfernung von der Stadtgrenze** stellt er eine sehr reelle Gefahr für Neapel dar, denn die Frage ist nicht ob, sondern wann er erneut ausbrechen wird. Wer den Vesuv besucht, tut dies in erster Linie, um das **herrliche Panorama** (Vorsicht, denn bei schlechtem Wetter und Nebel bleibt er für Besucher geschlossen) über Neapel und die Küste zu genießen und um in den tiefen, mit Schotter gefüllten Krater zu blicken. Doch sollte man hierbei nicht zu viel **vulkanische Aktivität** erwarten, so sind Fumarolen oder Schwefeldämpfe (wie auf den Phlegräischen Feldern, s. S. 64) eher die Ausnahme.

Für Besucher ist der dem Meer zugewandte Teil des Kraterrandes begehbar. Ihn erreicht man über einen steilen **Fußweg** (reine Gehzeit ca. 25 Min., festes Schuhwerk wird empfohlen) ab dem auf 1000 m Höhe gelegenen Parkplatz. Für einen Besuch sollte man mind. zwei Stunden einkalkulieren (ohne An- und Rückfahrt).

› **Parco Nazionale del Vesuvio:** www.parconazionaledelvesuvio.it, Tel. 081 2395653, April–Juni, Sep. 9–17, Juli, Aug. 9–18, Nov.–Feb. 9–15, März, Okt. 9–16 Uhr, Eintritt: 10 €, erm. 8 €
› **Anfahrt:** Mit dem Pkw folgt man ab Ercolano einer ausgeschilderten Asphaltstraße durch das Dörfchen San Vito hinauf zum Parkplatz, an dem sich der **Eingang mit Kassenhäuschen** befindet. Alternativ erreicht man den Parkplatz mit Bussen der Firma **Vesuvio Express** (www.vesuvioexpress.it, Tel. 081 7393666) ab der Station Ercolano/Scavi (erreichbar mit dem Nahverkehrszug ab der Station Circumvesiana an der Piazza Garibaldi, Ticket: 2,40 €), die 20 Min. bis zum Parkplatz brauchen (Busticket für Hin- und Rückfahrt: 10 €). Am unkompliziertesten, aber auch am teuersten gelangt man mit einer **Tour** (s. S. 123) auf den Vesuv.

Mein Tipp

Per Pferd auf den Vesuv

Am originellsten gelangt man per Pferd zum Krater des Vesuv. **Horse Riding Tour Naples** bietet Halbtagestouren an: www.horseridingnaples.com, Tel. 345 8560306.

37 Capri ★★ [Umgebung]

Mal eine Pause vom chaotischen Neapel einlegen? Dann auf nach Capri! Unterschiedlicher, ja geradezu konträrer könnten das aus allen Nähten platzende, marode Neapel und die heile Bilderbuchinsel kaum sein.

Das 10,4 km² große Capri ist eines der **bekanntesten Eilande der Welt**, einerseits wegen der Höhlen am Meer, allen voran die sogenannte Blaue Grotte *(Grotta Azzurra)*, aber auch als unerschütterlicher Eckpunkt des internationalen Jetsets.

Nachweislich war Capri bereits seit der Altsteinzeit besiedelt, doch es war der römische **Kaiser Tiberius**, der es 26 n. Chr. zu seinem Regierungssitz machte und hier die meiste Zeit bis zu seinem Tod in der Villa Jovis verbrachte. Laut den antiken Schriftstellern Sueton und Tacitus war Capri zu Tiberius Zeiten eine Insel der Lust, auf der der Kaiser wilde Orgien feierte und damit den Spott und Hohn, aber auch den Neid der Senatoren in Rom auf sich zog. In den folgenden Jahrhunderten verfiel Capri in eine Art Dornröschenschlaf, bis 1826 die deutschen Maler August Kopisch und Ernst Fries zufällig die **Blaue Grotte wiederentdeckten.** Ein Mythos war geboren und wurde durch den Roman „Der Improvisator" von Hans Christian Andersen (1835) in die Welt getragen. So verwandelte

MEIN TIPP

Die Phlegräischen Felder – dort wo die Erde brodelt!

Unmittelbar am westlichen Stadtrand von Neapel beginnen die sich auf mehr als 150 km² ausdehnenden *Campi Flegrei* (Phlegräischen Felder, von altgriechisch *phlégō* „brennen"), einer der 20 Supervulkane der Erde. Zusammen mit dem Vesuv wird dieses Gebiet in etwa zehn Kilometern Tiefe durch eine gemeinsame Magmakammer gespeist. Im Gegensatz zum großen Bruder besitzen die Phlegräischen Felder eine **weit höhere vulkanische Aktivität.** Anziehungspunkt ist hierbei für Besucher der zu Fuß begehbare, außerordentlich sehenswerte **Krater Solfatara im Hafenstädtchen Pozzuoli,** mit seinen Fumarolen und aufsteigenden Schwefeldämpfen, die aus den Erdritzen zischen. Entsprechend erlebt man hier die Kraft des brodelnden Ungetüms wie sonst nirgendwo im Großraum Neapel (empfohlene **Besuchszeit:** eineinhalb Stunden ohne An- und Rückfahrt).

★13 **Vulcano Solfatara,** Via Solfatara 161, www.solfatara.it, Tel. 081 5262341, tägl. 8.30–16.30 Uhr (April–Okt. bis 19 Uhr), 8 €, ermäßigt 5 €. **Anfahrt:** Man erreicht den Krater mit der Metro-Linie 2 bis Pozzuoli/Solfatara. Ab der Station folgt man der Hauptstr. ca. 800 m bergauf, bis es links gegenüber der Tankstelle zum Haupteingang geht (zu Fuß 15 min oder ab der Station Bus zum Krater). Aufgrund der vulkanischen Aktivität kann es kurzfristig zu Schließungen kommen.

062nl Abb.: dk

Minivulkan zum Anfassen? Nicht wirklich, denn die heraustretenden Dämpfe sind heiß!

sich Capri in das, was es auch heute noch ist: ein **gigantischer Touristenmagnet** mit bis zu 15.000 Tagesbesuchern in der Hochsaison (bei gerade mal 14.000 Einwohnern)!

Die Fähren aus Neapel legen im Hafen Marina Grande an. Dort hat man die Qual der Wahl, ob man sich sofort per Boot zur Blauen Grotte aufmacht (Kostenpunkt: 14 € pro Person, Dauer: 1 Stunde, nur bei ruhiger See) oder zu einer zweistündigen Umfahrung der klippenreichen Felseninsel per Schnellboot startet (ca. 18 € pro Person). Auch bei letzterem hat man die Möglichkeit, die Blaue Grotte zu besuchen (zum Aufpreis von 14 €).

Außerdem führt ab Marina Grande die Standseilbahn (Funicolare) für 2 € hinauf auf die weltberühmte **Piazzetta Umberto I.** Das winzige, mit Cafés gesäumte Plätzchen (an dem sich auch eine Touristeninformation befindet) bildet den Nullpunkt für sämtliche weitere Erkundungen auf der Insel. Capri-Stadt mit seinen kleinen Gässchen, der schnuckeligen Kirche **Chiesa Santo Stefano**, dem Klosterkomplex **Certosa di San Giacomo** (Di–So 10–14, März–Juni und Okt.–Dez. 10–16, Juli, Aug. 10–18 Uhr, Kombiticket 6 € mit Villa Jovis) und seinem Überangebot an teuren Boutiquen und edlen Restaurants mag jedoch besonders an „gut besuchten" Tagen schnell an Reiz verlieren, selbst wenn man von hier oben einen sensationellen Blick auf die Festlandküste und das dunkelblau schimmernde Meer genießt.

Von Capri-Stadt erreicht man zu Fuß in etwa 30 Minuten die Ruinen der bereits erwähnten **Villa Jovis** (Do–So 10–16 Uhr, Eintritt: Kombiticket mit Certosa di San Giacomo 6 €). Alternativ gibt es den etwa eineinhalb Stunden dauernden **Rundweg um**

Mein Tipp

Ischia und Procida

Als Alternative zu Capri kann man Tagesausflüge zu den Inseln Ischia und Procida machen. **Ischia** ist größer und weniger überlaufen, allerdings auch nicht so überschaubar wie Capri. **Procida** ist dagegen mit 4,1 km^2 Fläche eine kleine Insel, hat aber ihre Reize. Der Tourismus spielte hier bisher eine geringe Rolle, daher ist die Infrastruktur nicht vergleichbar.

Von Neapel fährt man ab Molo Beverello [F5] oder Molo Mergellina (am Porticciolo di Mergellina 31) nach Ischia und Procida mit **Schnellfähren** (*Traghetti Veloci*) oder **Schnellbooten** (*Aliscafi*) der Firmen Alilauro, Caremar, Medmar und SNAV. Die Fahrtzeiten liegen zwischen 45 und 90 Min., Tickets ab ca. 13 €.

› www.traghettilines.it

Verhungern ist auf Capri praktisch ausgeschlossen

061nl Abb.: dk

den Monte Tuoro mit diversen Aussichtspunkten und der Möglichkeit hinunter zur **Badebucht von Porto di Tragara** zu steigen, wenn auch zu erwähnen ist, dass das Baden generell auf Capri aufgrund der häufig rauen Wellen nur zu einem Vergnügen am Rande zählen sollte.

Zurück in Capri-Stadt hat man die Möglichkeit mit den kleinen orangefarbenen Bussen (Fahrpreis 2 €) über die Serpentinenstraße in 15 Minuten nach **Anacapri** zu gelangen. Der zweite Ort der Insel strahlt mit seiner hübschen Fußgängerzone zwar etwas mehr einheimisches Flair aus, doch auch hier überwiegt die touristische Infrastruktur. In Anacapri sollte man keinesfalls die **Chiesa di San Michele** mit ihren leuchtend bunten Majolikakacheln (Apr.–Sep. tägl. 9–19, Okt.–März tägl. 10–15 Uhr, Eintritt: 3 €) sowie die **Villa San Michele** des schwedischen Arztes Axel Munthe (1857–1949) am Ortseingang (am Rande der Steilwand gelegen, tägl. ab 9 Uhr, März bis 16.30, April und Okt. bis 17 Uhr, Mai–Sept. bis 18 und Nov.–Feb. bis 15.30 Uhr geöffnet, Eintritt: 10 €) besuchen. **Spazierwege ab Anacapri** führen entweder zur Blauen Grotte (hierbei spart man sich das Schnellboot bis zum Grotteneingang und zahlt nur noch den Besuch per Ruderboot für insgesamt 14 €) oder mit weit schönerem Ausblick bis zum **Belvedere di Migliera** (beide etwa 30 Minuten Dauer). Alternativ kann man sich mit dem Sessellift *(Seggiovia)* auf den 589 m hohen **Monte Solaro** bringen lassen (Fahrzeit: 12 Minuten, einfache Fahrt 9 €, mit Rückfahrt 12 €), von dem aus man den ultimativen 360-Grad-Blick über die Insel genießt.

Ein Besuch Capris ist zweifellos ein **Highlight erster Klasse** und zwar nicht nur das Erlebnis, sondern auch die Preise. Essen und Trinken kostet hier bis zu viermal mehr als in Neapel (wer sich ein paar Sandwiches und ein Getränk mitnimmt, spart definitiv)! Man kommt entweder zum **Flanieren, Geldausgeben** und vielleicht, um ein bisschen in der **goldenen Vergangenheit der 1950er- und 1960er-Jahre** zu schwelgen oder eben, um im Sauseschritt die **Hauptsehenswürdigkeiten** abzuklappern. Dennoch bietet die Insel zumindest abseits von Capri-Stadt das bisschen Ruhe, das man im schnelllebigen Napoli so vermisst. Wer auf den Trubel in der Villa San Michele verzichten kann und nicht unbedingt die stets überfüllte Blaue Grotte gesehen haben muss, der wird auf Capri mit Sicherheit **ein paar geruhsame Stunden verbringen.** Eine Befahrung per **Motorroller** (Vermieter finden sich in Marina Grande) bietet sich nur bedingt an, denn viele Wege sind ausgesprochen steil oder verlaufen zwischen ummauerten Gärten und sind nur schlecht befahrbar. Zudem sind die Anmietkosten von 40–50 € pro Tag astronomisch.

› **Fährverbindungen** Neapel–Capri–Neapel: Man hat die Wahl zwischen Schnellfähren *(Traghetti Veloci)* der Firma Caremar (6-mal tägl., Fahrtzeit 50–75 Minuten, ab 12,30 €) und Schnellbooten *(Aliscafi)* der Firmen NLG und SNAV (8-mal tägl., Fahrtzeit 50 Minuten, ab 20,50 €). Die aktuellen Zeiten kann man auch der Homepage www.traghettilines.it entnehmen.

› Mehr Informationen: www.capritourism.com sowie bei den Informationsbüros (täglich 9–20 Uhr) der **Azienda Turismo Isola di Capri:** Marina Grande (Hafenmole, Tel. 081 8370634), Capri-Stadt (Piazzetta Umberto I., Tel. 081 8370686), Anacapri (Via G. Orlandi 59/Piazza Vittoria, Tel. 081 8371524)

009nl Abb.: dk

023nl Abb.: dk

Neapel für Kunst- und Museumsfreunde

Mit einer ganz beachtlichen Anzahl an Museen bietet die Stadt für an „Kunst aus der Dose" Interessierte reichlich Spannendes und Unterhaltsames. Achtung: Einlass ist bei den meisten Museen bis ca. eine Stunde vor Ende der regulären Besichtigungszeit. Die größte Dichte an Galerien befindet sich in Chiaia und Posillipo.

- 14 [G3] **Centro Musei Scienze Naturali e Fisiche,** Via Mezzocannone 8, www.cmsnf.it, Mo, Di 9–13.30 u. 14.30–16.50, Mi–Fr 9–13.30 Uhr, Eintritt ab 2,50 €, erm. ab 1,50 €. Zu diesem, der Universität angeschlossenen Zentrum gehören die Museen für Anthropologie, Mineralogie, Paläontologie (Largo San Marcellino 10) und Zoologie, die allesamt über eindrucksvolle Exponate verfügen.
- 15 [al] **Città della Scienza,** Via Coroglio 104, www.cittadellascienza.it, Tel. 081 7352222, Di–So 9–17 Uhr, Eintritt 10 €, erm. 7 €. Das fast schon in Pozzuoli gelegene, erste Wissenschaftsmuseum Italiens beschäftigt sich mit großen Entdeckungen, physikalischen Gesetzmäßigkeiten, Kommunikation und der Evolution des Menschen. Besonders für Kinder interessant!
- 5 [G2] **Complesso Monumentale San Lorenzo Maggiore.** In diesem ehemaligen Klosterkomplex befinden sich 2500 Jahre alte griechisch-römische Ausgrabungen und das Museum, in dem die Geschichte dieses Abschnitts des *Centro*

Für alle weniger Geschichtsinteressierten bietet Pompeji 35 mit malerischen Ruinen Romantik pur

Vorseite: Sehen und gesehen werden – willkommen auf der Piazza del Gesù Nuovo 10

Storico von der Antike bis in die Neuzeit erläutert wird (s. S. 18).

16 [F2] **Galleria dell'Accademia delle Belle Arti,** Via Santa Maria di Costantinopoli 107, www.abana.it, Tel. 081 441887, Di–Fr 14–18 Uhr, Eintritt frei. In unmittelbarer Nähe der Piazza Bellini befindet sich die Gemäldegalerie mit einer erstaunlich reichen Kunstsammlung (Werke ab dem 17. Jh.). Aufgrund der Tatsache, dass hier auch studiert wird, hat das ganze Ensemble etwas Lebendiges, wie man es sonst in Ausstellungshäusern oft vermisst!

17 [G1] **Madre,** Via Settembrini 79, Tel. 081 19528498, www.madrenapoli.it, Mo, Mi–Sa 10–19.30, So 10–20 Uhr, Eintritt 8 €, erm. 4 €. Das Museum für zeitgenössische Kunst widmet sich international renommierten Kunstschaffenden wie Sol LeWitt, Richard Long, Jeff Koons, Mimmo Paladino, Rebecca Horn, Joseph Beuys und Andy Warhol.

18 [G2] **Monumento Nazionale dei Girolamini,** Via Duomo 142, Tel. 081 294444, www.bibliotecadeigirolamini.beniculturali.it, Sa, So 9–14 (nach Voranmeldung), Eintritt 5 €, erm. 2,50 €. Der Komplex umfasst ein Kloster, eine Kirche, eine gesondert zu besuchende Bibliothek (Mo–Fr 9–14 Uhr) und die Pinakothek „Quadreria". Hierin befindet sich eine Dauerausstellung barocker Kunst mit Gemälden von Antonio Vaccaro, Domenichino, Francesco Allegri, Giovanni Balducci, Guido Reni, Pomarancio und Federico Zuccari.

25 [F1] **Museo Archeologico Nazionale.** Das Nationale Archäologiemuseum ist eines der größten und wahrscheinlich bedeutendsten seiner Art in ganz Europa, das sich besonders dem antiken Erbe Süditaliens widmet und neben den berühmten Funden aus Herculaneum und Pompeji zahlreiche ägyptische, griechische und römische Exponate wie Skulpturen, Gefäße, Waffen, Schmuck und andere Gebrauchsgegenstände beherbergt (s. S. 47).

› **Museo Civico di Castel Nuovo.** Im südöstlichen Teil des Castel Nuovo **21** ist auf zwei Stockwerken dieses Museum untergebracht, in dem in mehreren Räumen liturgische Artefakte, Skulpturen und Gemälde aus verschiedenen Epochen ausgestellt werden (s. S. 40).

19 [eh] **Museo dell'Osservatorio Astronomico di Capodimonte,** Salita Moiariello 16, Tel. 081 5575111, www.oacn.inaf.it, Mo–Fr 10–16 Uhr, Eintritt 5 €, erm. 2 €. Das Museum der Sternwarte verfügt über eine eindrucksvolle Sammlung astronomischer Instrumente, anhand derer die historische Entwicklung dieser Wissenschaft erläutert wird.

20 [F4] **Museo della Pace MAMT,** Via Depretis 130, Tel. 081 5523033, www.mamt.it, Mi–Fr 10–13 und 15–19, Sa 9–13 Uhr, Eintritt 10 €, erm. 7 €. Das „Friedensmuseum" zelebriert in audiovisuellen Installationen und zahlreichen Ausstellungsstücken die Schönheit des Mittelmeeres. MAMT steht dabei für Mediterraneo, Arte, Musica und Tradizione, also für all das, was die Anrainerstaaten und speziell Neapel auszeichnet. Sehenswert!

21 [ak] **Museo del Mare,** Via di Pozzuoli 5, www.museodelmaredinapoli.it, Tel. 081 7624980, Mo–Fr 9–13 Uhr, Eintritt 5 €. Das Museum des Meeres gehört zum Marineinstitut und stellt Schiffsmodelle und Navigationsinstrumente aus.

22 [D4] **Museo del Novecento Napoli,** Via Tito Angelini 22/Largo San Martino 16, Tel. 081 5587708, https://luoghidelcontemporaneo.beniculturali.it (Menü: A–Z, Castel Sant'Elmo), Mi–Mo 9.30–17 Uhr, Eintritt 5 €, erm. 2 €. Im ehemaligen oberen Kerker des Castel Sant'Elmo **33** befindet sich dieses Museum, das eine interessante Sammlung v. a. süditalienischer Kunst des 20. Jh. umfasst. Zur Ausstellung gehören u. a.

Werke des Sezessionismus, des Futurismus der Nachkriegszeit, des „Gruppo Sud" und des Neorealismus.

23 [G2] **Museo del Tesoro di San Gennaro,** Via Duomo 149, Tel. 081 294980, https://tesorosangennaro.it, tägl. 9–18.30 Uhr, Eintritt 10 €, erm. 7 €. Die bedeutende Schatzkammer des heiligen Januarius liegt neben dem Duomo und umfasst wertvolle silberne Votivgaben, Schmuck, Gemälde und historische Dokumente aus sieben Jahrhunderten.

24 [G3] **Museo di Fisica,** Via Mezzocannone 8, www.unina.it/-/1321179-museo-di-fisica-dell-universita, Tel. 081 2536222, Mo–Fr 9–13.30, Mo und Do auch 14.15–16.30 Uhr, Eintritt 2,50 €, erm. 1,50 €. Das Museum für Physik stellt etwa 700 Instrumente wie Messgeräte, Mikroskope und Elektromagneten aus, von denen einige durchaus kurios sind.

25 [G1] **Museo Diocesano,** Largo Donnaregina, www.museodiocesanonapoli.com, Tel. 081 5571365, Mo, Mi–Sa 9.30–16.30, So 9.30–14 Uhr, Eintritt 7 €, erm. 5 €. Das Museum der Diözese Neapel befindet sich in der traumhaft schönen Chiesa di Santa Maria Donnaregina Nuova und ist ein Schmuckstück barocker Kunst. Hier sind Fresken, Gemälde und Skulpturen zu bewundern.

025nl Abb.: dk

26 [E2] **Museo Hermann Nitsch,** Vico Lungo Pontecorvo 29 D, www.museonitsch.org, Tel. 081 5641655, Mo–Fr 10–19, Sa, So 10–16 Uhr, Eintritt 10 €, erm. 5 €. Das nach dem Wiener Maler und Aktionskünstler Hermann Nitsch benannte Museum stellt dessen äußerst unkonventionelle Werke und Installationen aus, die in Gemeinschaftsarbeiten mit Giuseppe Morra entstanden sind.

27 [B5] **Museo Nazionale della Ceramica Duca di Martina,** Via Cimarosa 77, Tel. 081 5788418, www.beniculturali.it/luogo/museo-della-ceramica-duca-di-martina-in-villa-floridiana, Mi–Mo 9.30–17 Uhr, Eintritt: 4 €, erm. 2 €. Mitten in der Villa Floridiana liegt dieses Keramikmuseum, das italienische, deutsche, französische und sogar ostasiatische Keramiken und Majoliken zeigt.

27 [eh] **Museo Nazionale di Capodimonte.** Eines der bedeutendsten europäischen Kunstmuseen. Hier befinden sich Gemälde aus der Zeit vom Mittelalter bis zur Moderne, von denen die berühmtesten zur sog. Farnesischen Sammlung zählen, aber auch eine beeindruckende Porzellansammlung (s. S. 50).

› **Museo Nazionale di San Martino.** Dieses kulturhistorische Museum ist an das Kloster Certosa di San Martino 34 angegliedert und dokumentiert die Geschichte der Stadt. Dazu gehört eine Gemäldesammlung, z. B. mit Werken aus der Renaissance und dem Barock sowie eine bemerkenswerte Ausstellung neapolitanischer Weihnachtskrippen (s. S. 60).

28 **Museo Nazionale Ferroviario di Pietrarsa,** Traversa Pietrarsa, Tel. 081 472003, www.fondazionefs.it (Esplora il Museo, Visita Pietrarsa), Mo–Mi 9.30–16.30, Do 14–20, Fr 9–16.30, Sa, So 9.30–19.30 Uhr, Eintritt: 7 €, erm. 5 €. Die erste Zugverbindung Italiens bestand seit 1839 zwischen Neapel und Portici.

In der Sammlung des Nationalen Eisenbahnmuseums finden sich v. a. historische Lokomotiven und Züge.

29 [C6] **Museo Pignatelli,** Via della Riviera di Chiaia 200, Tel. 081 7612356, www.coopculture.it/en/poi/museo-pignatelli-cortes, Mi–Mo 9.30–17 Uhr, Eintritt 5 €, erm. 2 €. In der Villa Pignatelli befinden sich die ständige Gemäldesammlung der Banco di Napoli sowie die Bibliothek, Kutschen und weitere Ausstellungsstücke der adligen Familie d'Alessandro, die Interessantes zu deren Leben im Neapel des 19. Jh. vermitteln.

17 [F5] **Palazzo Reale.** Im ehemaligen Königlichen Palast befindet sich das Museo del Palazzo Reale, das eine bemerkenswerte Kollektion an barocken und neoklassizistischen Gemälden, Kunst- und Einrichtungsgegenständen zeigt (s. S. 34).

30 [C5] **PAN,** Via dei Mille 60, Tel. 081 7958603, www.comune.napoli.it (Menü: Vivere la città, PAN Palazzo delle Arti), Mo–Fr 9.30–20.30, Sa, So 9.30–21 Uhr, Eintritt frei. In diesem Zentrum für zeitgenössische Kunst werden wechselnde Ausstellungen mit Schwerpunkt auf Malerei, Bildhauerei, Architektur, Fotografie und Video-Art präsentiert.

31 [C6] **Stazione Zoologica,** Villa Comunale, Tel. 081 5833111, www.szn.it, Besuch nur nach Voranmeldung und mit Führung (15 €, erm. 4 €). Die Stazione Zoologica wurde 1870 vom Stettiner Naturwissenschaftler Anton Dohrn gegründet und zählt bis heute zu den führenden meeresbiologischen Forschungsinstituten weltweit. Im Acquario mit seinen 30 Wassertanks und über 200 Spezies lernt man viel über die im Golf von Neapel heimische Meeresfauna.

Kunstvolle Steinmetzarbeiten im Museo Archeologico Nazionale 25

Neapel für Genießer

Von Hunger und Durst geplagt muss wirklich niemand durch Neapel schlendern, denn die Hauptstadt Kampaniens ist seit Langem eine wahre Gourmetdestination! Mit einer erstaunlichen Anzahl an schicken Restaurants, einfachen Gasthäusern und den vielleicht weltbesten Pizzerias, aber auch Hunderten von Cafés, Kneipen, Bars oder internationalen Lokalen ist Neapel ein wahres Eldorado für hungrige Mägen und durstige Kehlen.

Für ihre Atmosphäre berühmt und wirklich spezifisch neapolitanisch sind die allgegenwärtigen Bars, in denen man den grandios starken **Espresso** – hier nur *caffè* genannt – bekommt, für den die Stadt in ganz Italien bekannt ist. Andernorts muss man ihn *ristretto* („verkürzt") bestellen, damit er so kräftig schmeckt, doch hier am Fuße des Vesuvs ist Kaffee immer nur ein winziger Schluck, kaum genug, um ein Häufchen Zucker darin zu ertränken, doch mit ausreichend Koffein, um auch den müdesten Zeitgenossen wieder in die Gänge zu bringen. Kein Wunder, dass der Satz „pigliamoci un caffè" („Lass uns einen Kaffee trinken") im Laufe des Tages eine oft gehörte Aufforderung ist, hier und da einen kurzen Boxenstopp einzulegen, um den Koffeinhaushalt wieder aufzufrischen. Der *caffè* ist in Napoli eben heilig!

Wer **neapolitanisch essen** möchte, der sollte eine **osteria** (einfaches Gasthaus, das häufig als „Kantine" für Angestellte dient) oder eine **trattoria** (etwas teurer als die *osteria*, aber nicht ganz so exklusiv und chic wie das *ristorante*) aufsuchen, denn hier gibt es die wirklich authentischen Spezialitäten und das oft in Form von

angenehm günstigen Mittagsmenüs. Ob in einem dieser volkstümlichen Gasthäuser oder in exklusiveren **ristoranti**, man bestellt normalerweise mehrere Gänge hintereinander, wobei die Pastagerichte nur als Zwischengang vor der Hauptspeise gelten. Doch keine Sorge, kein Kellner wird einen schief anschauen, wenn man z.B. auf den Fisch oder das Fleisch verzichtet und sich nur auf Vorspeisen und/oder Pasta beschränkt, immerhin ist die Flexibilität der Neapolitaner legendär. Fast so legendär wie die hiesige **Pizza**, die zwar lang nicht so knusprig ist, wie man das vielleicht von zu Hause gewöhnt ist, doch genau darin liegt das Geheimnis (s. S. 79). In den in Neapel allgegenwärtigen **Pizzerias** geht es übrigens meist simpel und ungezwungen zu. Aber was wäre schon ein gutes Essen ohne den richtigen **Wein?** Die Region Kampanien verfügt über hervorragende Tröpfchen wie Aglianico, Gragnano, Montevetrano, Piedirosso oder Taurasi bei den Rot- und Fiano, Greco di Tufo, Lacryma Christi oder der spritzige Falanghina bei den Weißweinen, die gut zu den örtlichen Spezialitäten passen. Und das Schöne ist, dass die **Preise** fürs Essengehen in Neapel unter denen liegen, die man aus Deutschland, Österreich, der Schweiz oder vielen anderen italienischen Städten gewohnt ist.

Die Küche Neapels

Vorneweg: Auf die Frage, wo man in Neapel am besten essen kann, werden die meisten Einheimischen „a casa" („zu Hause") antworten. Tatsächlich geht in ganz Kampanien nichts über die *cucina casareccia* (**Hausmannskost**), denn viele der beliebtesten Spezialitäten haben aufwendige und äußerst zeitintensive Rezepte, die traditionell eben nur die *mamma* „zaubern" kann. Wenn man also auswärts essen geht, dann dafür richtig und mit allem Drum und Dran.

Wie überall in Italien beginnt man mit *antipasti* (**Vorspeisen**) – in Neapel mag man sie gerne üppig – z.B. mit *fritto misto* (auch *frittura alla napoletana* genannt), also frittierten Kleinigkeiten wie Zucchini, Mozzarellabällchen, *crocchè* (Kartoffelkroketten), *polpette* (Fleischbällchen), *montanare* (Pizzastückchen), *zeppoline* (Teigbällchen mit Algen) oder *arancini* (Reisbällchen). Wem das zu fettig ist, der kann *antipasti di mare* (Meeresfrüchte) auch in Form von Venusmuscheln – *soutè di vongole* – oder Miesmuscheln – *impepata di cozze* – bestellen oder sich für *antipasti misti* (Salami, Schinken, Käse und Oliven) oder einfach nur für das vielleicht bekannteste kulinarische Aushängeschild Kampaniens, den *mozzarella di bufala* (Büffelmozzarella), entscheiden. Er ist auch die wichtigste Zutat des *insalata caprese,* dem berühmten Salat mit Tomaten, frischem Basilikum und Olivenöl. Nach der Vorspeise folgt traditionell der **primo piatto** (erster Gang), bestehend aus **Pasta** in allen Formen und Längen und meist recht dickflüssigen Soßen wie *alla pummarola* (die klassische Tomatensauce), *alla barese* (mit Brokkoli), *alla bella donna* oder *alla puttanesca* (mit Kapern, Oliven und Tomaten), *alla bella Napoli* oder *alla Santa Lucia* (mit Meeresfrüchten), *alla genovese* (Kalbfleisch und Zwiebeln), *al nero di seppia* (mit Tinte vom Tintenfisch), *alla sorrentina* (mit Tomaten und Mozzarella), *alle vongole* (mit Venusmuscheln) oder natürlich mit der *ragù* genannten „Primadonna der Soßen", bei der Tomaten

und Fleisch über Stunden gekocht werden (wird traditionell am Sonntag gegessen). Wer keine Pasta möchte, der findet ab und zu auch Gerichte wie *gattò di patate* (Kartoffelauflauf mit Mozzarella und Schinken oder Salami) oder *sartù di riso* (gebackener Reis mit einer Tomatensauce, Mozzarella und Fleischbällchen). Erst dann folgt der **secondo piatto** (zweiter Gang), bei dem man **Fleisch** oder **Fisch** isst. Regionale Spezialitäten sind z. B. *calamaro ripieno* (gefüllte Calamares), *polipo affucate* (in einem Tongefäß geschmorter Oktopus), *carne alla pizzaiola* (Rindfleisch in einer Tomaten-Oregano-Soße), *carne al ragù* (Rindfleisch mit der oben beschriebenen Soße) oder *involtini* (Rindfleisch- oder Auberginenrouladen mit Schinken und Käse gefüllt). Beilagen *(contorni)* müssen in der Regel extra bestellt werden.

Pizza ist eine Art Sonderfall, denn sie gilt im Gegensatz zur Pasta als umfassendes Hauptgericht – zumindest wenn sie am Tisch gegessen wird – und fällt daher auch unter die Kategorie *secondo piatto.* Viele Restaurants Neapels fungieren gleichzeitig als Pizzeria und bieten neben den „Oldtimern" wie Margherita oder Marinara auch eigene Kreationen an!

Beim **Dessert** hat man die Auswahl zwischen *dolce* (Süßspeise) wie *tiramisù, tartufo* oder *zabaione*, *formaggio* (Käse) und *frutta* (Obst). Den abschließenden Espresso bekommt man übrigens nicht in allen Restaurants (wenngleich der Kellner ihn auf Anfrage auch von der nahegelegenen Bar bringt), weshalb ihn die meisten Einheimischen lieber gleich anderswo einnehmen. Beliebt dagegen ist es, das Essen mit einem Gläschen *limoncello* – einem starken Zitronenlikör – abzuschließen.

Empfehlenswerte Lokale

Neapolitanische Küche

In den folgenden Etablissements wird man fündig, wenn es um echte lokale Spezialitäten gehen soll.

32 [E5] **Antica Capri** €, Via Speranzella 110, Tel. 081 0383486, www.anticacapri.it. Diese kleine, seit 1968 bestehende Trattoria hat sich zumindest unter Touristen noch kaum herumgesprochen. Einfach, köstlich und noch dazu urneapolitanisch! Italienischkenntnisse sind hilfreich.

33 [G2] **Antica Trattoria da Carmine** €-€€, Via Tribunali 330, Tel. 081 294383. Diese einfache und verlässlich gute Trattoria befindet sich direkt an der schönen Piazza San Gaetano. Es gibt z. B. die dicke Pastaart *pacchetti* mit einer Würstchen-Auberginen-Soße oder hervorragende Fleischgerichte. Auch sonntags geöffnet.

34 [E7] **Antonio & Antonio** €€-€€€, Via Partenope 26, Tel. 081 2451987. Das vernünftigste Restaurant entlang der äußerst touristischen Promenade von Santa Lucia. Im Antonio & Antonio sind Fisch und Meeresfrüchte die Spezialität, angeboten werden zudem viele Vorspeisenteller wie auch Pasta und Pizza.

35 [F4] **Baccalaria** €-€€, Piazzetta di Porto 4, Tel. 081 0120049, www.baccalaria.it. In diesem unscheinbaren Lokal spezialisiert man sich auf Baccalà (Stockfisch), der hier in unterschiedlichen Varianten zubereitet wird. Besonders bei den Einheimischen sehr beliebt.

Preiskategorien

Die folgenden Angaben gelten für ein Hauptgericht ohne Getränk.

€	bis 15 €
€€	15 bis 25 €
€€€	über 25 €

Trinkgeld

In Lokalen sollte man immer ein **Trinkgeld** – je nach Summe 5 bis 10 % – auf dem Tisch bzw. auf dem Rechnungstellerchen liegenlassen. In Bars legt man eine Münze (10–20 Cent) auf den *scontrino* (Kassenzettel). Wundern Sie sich nicht über das auf der Rechnung ausgewiesene *coperto* („Gedeck"), das in den meisten Lokalen erhoben wird und bis zu 4 € pro Person ausmachen kann.

Öffentliche Toiletten

Öffentliche Toiletten sind in Neapel abseits der touristischen Sehenswürdigkeiten nur selten zu finden. Dafür kann man auf Nachfrage in den meisten Cafés oder Bars auch als Nichtkunde die „stillen Örtchen" problemlos benutzen. In manchen, viel frequentierten Lokalen ist dabei manchmal ein geringer Betrag (in etwa 50 Cent) zu entrichten.

36 [F2] **Bellini** €€, Via Santa Maria di Costantinopoli 79/80, Tel. 081 459774. Traditionslokal am westlichen Ende des *Centro Storico.* Neben dem freundlichen Servicepersonal sei das Lokal speziell wegen der *linguine al cartoccio* (Pasta mit Meeresfrüchten) und der *pizza Bellini* empfohlen. Im Straßenverkauf gibt es die Pizzen *a portafoglio,* d. h. gefaltet auf die Hand.

37 [I2] **Da Donato – Trattoria e Pizzeria** €€, Via Silvio Spaventa 41, 081 287828. Bei Neapolitanern und Touristen gleichermaßen beliebtes Familienrestaurant, in dem der *patrone* – nach eigener Aussage – alle Speisen mit Humor und Liebe zubereitet. Eine der besten Adressen in unmittelbarer Nähe der Piazza Garibaldi. Reservierung empfohlen.

38 [E4] **Da Nennella** €, Via Lungo Teatro Nuovo 103/105, Tel. 081 414338. Nein, nur des simplen Essens wegen strömen die Gäste nicht jeden Mittag und Abend hierher. Es ist einfach die Atmosphäre in dieser seit 1949 bestehenden Familientrattoria im Herzen der

094nl Abb.: dk

Quartieri Spagnoli. Wer es ruhig und gediegen möchte, ist hier allerdings falsch, denn bei Da Nennella geht es laut und lebendig zu – definitiv nichts für die erste Verabredung, dafür garantiert 100 % Napoli!

39 [C5] **Da Tonino** €€, Via Santa Teresa a Chiaia 47, Tel. 081 421533, www.osteriadatonino.it. Da Tonino, im Herzen Chiaias gelegen, beglückt seit 1880 Fremde und Einheimische mit seinen hervorragenden Fisch- und Pastagerichten. Die Spezialitäten hier sind authentisch neapolitanische Gerichte wie das *ragù alla genovese* oder *'o curuniello* – Stockfisch in Tomatensauce.

40 [C4] **Donna Teresa** €€, Via Kerbaker 58, Tel. 081 5567070. Original neapolitanische Küche in einem alteingesessenen Gasthaus mitten am Vomero. Neben der authentischen Hausmannskost sind auch das heimelige Interieur und die Herzlichkeit der Betreiber ein Erlebnis.

41 [B4] **Gorizia** €€, Via Bernini 29/31, Tel. 081 5782248, www.gorizia1916.com. Ein bisschen erinnert das Gorizia oben auf dem Vomero an eine französische Brasserie, doch gekocht wird hier seit 1916 neapolitanisch. Ob Pizza, Pasta oder Secondi, bei Gorizia schmeckt es garantiert.

42 [F3] **Il Garum** €-€€, Piazza Monteoliveto 2A, www.ilgarum.it, Tel. 081 5234721. Als *garum* bezeichneten die alten Römer eine Fischpaste, die sie etwa wie wir heute Ketchup gebrauchten. In diesem Lokal isst man aber durchaus zeitgemäß und gut, mittags sogar – dank der Menüs – äußerst günstig.

Lokale Spezialität: In der Trattoria Le Zendraglie sind v. a. trippe (Kutteln) der Hit!

43 [F6] **La Cantinella** €€€, Via Cuma 42, Tel. 081 7648684, https://lacantinella.it. Neben der vielleicht besten Weinkarte Neapels hebt sich das Lokal durch seine außergewöhnlichen Pastakreationen – wie die *linguine alla Santa Lucia* – deutlich von 0815-Restaurants ab, allerdings auch zu entsprechenden Preisen.

44 [E3] **Le Zendraglie** €, Via Pignasecca 14, Tel. 081 5511993. Gemütliche kleine Trattoria, wo man sich besonders mittags auf Fleischiges, und zwar in erster Linie Innereien (z. B. Kutteln), spezialisiert hat. Es gibt auch saisonale Gerichte von der Tageskarte.

45 [bl] **Marechiaro Hostaria la Vela** €€, Calata Ponticello a Marechiaro 37, Tel. 081 5751095. Die günstigere Variante unter den Lokalen an der Bucht von Marechiaro in Posillipo. Wie bei der Konkurrenz ist das Panorama hier atemberaubend und die Küche lässt keine Wünsche offen.

46 [H1] **Mimì alla Ferrovia** €€-€€€, Via Alfonso d'Aragona 21, Tel. 081 5538525, www.mimiallaferrovia.it. Ein bewährter Oldtimer der rustikalen neapolitanischen Küche, in das Besucher nicht nur aus ganz Italien kommen, um die köstlichen Spezialitäten wie speziell die besonders deliziösen Fischgerichte zu probieren. Kurz: Hier ist das Essen wirklich nicht „von schlechten Köchen".

47 [D5] **Osteria della Mattonella** €, Via Giovanni Nicotera 13, Tel. 081 416541. Inmitten der Quartieri Spagnoli liegt dieses urige, originalgetreue Restaurant mit seinen rot-weiß-karierten Tischdecken, den Weinflaschen an der Wand und der *mamma*, die noch selbst in der Küche brutzelt. Man kredenzt reichlich lokale „Schmankerl", darunter so einiges, das sonst der Hausmannskost vorbehalten ist.

48 [E5] **Osteria Il Gobbetto** €, Via Sergente Maggiore 8, Tel. 081 2512435. Unweit der Via Toledo, in den

Meine Tipps

Lecker vegetarisch

Bei zu viel fisch- und fleischlastiger Kost mag einem auch mal der Sinn nach Fleischlosem stehen. Dies ist in Neapel natürlich vollkommen unproblematisch, stehen doch auf jeder Karte Pastagerichte und Pizza ohne Fleisch. Darüber hinaus finden sich praktisch überall auch reichlich Salate und rein vegetarische Hauptspeisen. Wer aber auf der Suche nach einem garantiert fleischlosen Restaurant ist, der sollte das **Amico Bio** (s. S. 77) aufsuchen.

Glutenfrei speisen

Mittlerweile müssen Lokale in Italien auch Gluten auf den Speisekarten ausweisen. Als gute Adresse für glutenfreies Essen ist das **Umberto** (s. S. 77) zu empfehlen.

Lokale mit guter Aussicht

Wer mit Weitblick speisen möchte, dem seien das **Reginella** (s. S. 77) im äußersten Westen Mergellinas, das **Al Faretto** (s. S. 77) oder das **Marechiaro Hostaria la Vela** (s. S. 75) über der Bucht von Marechiaro, das **Terrazza Calabritto** (s. S. 77) an der Piazza Vittoria in Chiaia und die Restaurants entlang der Küstenstraße Via Partenope wie das **Stella** (siehe unten) und das **Antonio & Antonio** (s. S. 73) empfohlen.

Dinner for one

Alleine unterwegs? In jedem der in diesem Buch erwähnten Lokale sind „Singles“ willkommen. Besonders angenehm, da meist unkonventionell und einfach, geht es in den Pizzerias zu. Außerdem bieten sich speziell die **Antica Trattoria da Carmine** (s. S. 73), das **Cibi Cotti** (s. S. 56), das **Pino** (siehe unten), das **Le Zendraglie** (s. S. 75) und das **Umberto** (s. S. 77) für Alleinreisende an. Und wer nicht mehr alleine bleiben will? Kein Problem! Die Neapolitaner sind in der Regel sehr redselig und scheuen sich nicht, mit Fremden ins Gespräch zu kommen. Wichtig ist es dabei, nicht zu ernst und seriös zu sein, sondern diesen spontanen Treffen mit Humor und Nonchalance zu begegnen. So ziemlich alle Pubs und Kneipen Chiaias, des *Centro Storico* und des Vomero eignen sich, um alleine einen Drink zu nehmen und dabei vielleicht mit echten **napoletani** ins Gespräch zu kommen. Nur Mut!

Quartieri Spagnoli, liegt dieses urige kleine Lokal, in dem die neapolitanische Küche und Lebensart allabendlich zelebriert wird. Neben Fisch und Fleisch sollte man sich keinesfalls die gemischten Vorspeisen *(antipasto Il Gobbetto)* entgehen lassen. Reservierung empfohlen.

49 [D5] **Pescheria Mattiucci** €-€€, Vico Belledonne a Chiaia 27, Tel. 081 2512215, www.pescheriamattiucci.com. Unter den vielen Restaurants in Chiaia sticht das Mattiucci durch sein unaufdringliches Interieur und die freundlichen Besitzer heraus. In dem auch als Fischhandlung fungierenden Lokal gibt es Meeresgetier in all seinen Varianten und das zu verhältnismäßig moderaten Preisen.

50 [D5] **Pino** €€, Vico Secondo Alabardieri, Tel. 081 400129, www.pinonapoli.it. Bei Pino handelt es sich um ein sehr beliebtes Restaurant im Herzen Chiaias, in dem neben den klassischen Nudelgerichten auch Pizza, Meeresgerichte und Fleisch geboten werden. Lassen Sie sich durch das etwas schrullige Interieur mit dem Plastikobst nicht abschrecken, das Pino ist einfach, verlässlich und gut!

51 [D6] **Stella** €€-€€€, Via Partenope 2/A-B, Tel. 081 7644086. Ob Pizza oder Pasta, Stella bietet feinste Küche im

hippen Dekor und das weit weniger touristisch als anderswo entlang der Via Partenope.

52 [D6] **Umberto** €€€, Via Alabardieri 30, Tel. 081 418555, www.umberto.it. Das Umberto ist zweifelsohne eines der besten Restaurants der Stadt! Das Gros der Kundschaft kommt wegen der Pizza, aber auch die anderen Gerichte sind ein Gedicht. Kurz gesagt: Bei Umberto kann man nichts falsch machen.

Toplokale

Wie die Überschrift vermuten lässt: Hier zahlt man meist kräftig, allerdings für gute Qualität, ordentliche Portionen und hervorragenden Service. Für ein Hauptgericht sollte man mit 25 bis 45 € rechnen, jedoch gibt es auch hier ab und zu Menüs zu Fixpreisen.

53 [bl] **Al Faretto** €€€, Via Marechiaro 127, Tel. 081 5750130, https://alfaretto.it. Direkt an der romantischen Bucht von Marechiaro im äußersten Westen von Posillipo gelegen, bekommt man hier eine herausragend gute, sizilianisch inspirierte und saisonal wechselnde Küche geboten. Spezialitäten sind in erster Linie die Fisch- und Meeresfrüchtegerichte, aber Al Faretto hat auch die *classics* im Angebot.

54 [E7] **La Bersagliera** €€€, Via Borgo Marinari 10/11, Tel. 081 7646016, www.labersagliera.it. Im Jachthafen von Santa Lucia befindet sich dieses bereits 1919 eröffnete, edle Fischlokal. Es zählt nach wie vor zu den beliebtesten Restaurants der Stadt – besonders Einheimische essen hier am Wochenende zu Mittag – und die hohe Qualität der Speisen sind ihren Preis auf jeden Fall wert.

55 [ck] **Reginella** €€€, Via Posillipo 45a, Tel. 081 5754020, www.ristorantereginella.com. Wenn es um den Blick geht, kann es kein Lokal in Neapel mit dem Reginella aufnehmen. Über der Bucht der Stadt im äußersten Westen Mergellinas gelegen, ist dies der perfekte Ort für ein klassisches Candle-Light-Dinner. Die Küche bietet ein Potpourri mediterraner Spezialitäten, allerdings gibt es auch Pizza. An den Wochenenden sehr beliebt, daher sollte man unbedingt reservieren und möglichst früh (19.30–20 Uhr) kommen.

56 [D6] **Terrazza Calabritto** €€€, Piazza Vittoria 1, http://terrazzacalabritto.it, 0812405188. Keine Frage, im Terrazza Calabritto isst das Auge mit, erstens wegen der wunderschönen Lage des Lokals mit Blick auf den Golf und die Villa Comunale und zweitens wegen der wirklich einzigartigen Fischgerichte. Reservierung unbedingt erforderlich.

In Neapel kocht die Welt

Wer sich nach umfassendem Genuss der neapolitanischen Küche nach etwas mehr „Exotik" sehnt, findet hier ein paar Adressen von Lokalen, die einen geschmacklich weit weg von Neapel, Golf und Vesuv führen.

57 [F2] **Amico Bio** €-€€, Vico San Pietro a Maiella 6, Tel. 081 455026, www.sorrisointegrale.com. Auf der Piazza Bellini befindet sich dieses vegetarische/vegane Restaurant. Das unter jungen Leuten äußerst beliebte Amico Bio bietet Hauptspeisen, Salate sowie orientalisch angehauchte kleine Gerichte, und zwar ausschließlich aus rein biologischen Zutaten.

58 [F3] **Amir** €-€€, Via Santa Chiara 25, Tel. 081 5527380. Inmitten des Universitätsviertels liegt dieses liebevoll gestaltete arabische Lokal, in dem man eine Unmenge an kleinen vegetarischen Vorspeisen und exotischen Fleischgerichten bekommt.

59 [D6] **Ba-Bar** €€-€€€, Via Bisignano 20, www.ba-bar.it, Tel. 081 7642535. Bei Ba-Bar handelt es sich in erster Linie um

019nl Abb.: dk

Ein Ort mit Geschichte – Brandi gilt als Geburtsstätte der Pizza

eine äußerst angesagte Aperitiv- und Weinbar, doch dieses Lokal bietet auch sehr köstliche international inspirierte Gerichte und zwar von einfachen Snacks bis hin zu Fleischigem.

60 [F3] **Drago d'Oro** €-€€, Via del Chiostro 21/23, Tel. 081 7901016, www.ristorantedragodoro-napoli.it. In diesem traditionell gestylten Asia-Restaurant gibt es authentische Spezialitäten aus China.

61 [D5] **IKI** €€-€€€, Via Chiaia 148, Tel. 081 19571890, www.ikirestaurant.it. Das stylische IKI bietet bestes japanisches Essen von Sushi über Sashimi bis zu Teppanyaki. Die ultimative Adresse für die japanischen Momente im Leben.

62 [B4] **Steak House** €€€, Piazzetta Aniello Falcone 2/3, Tel. 081 5782306. Auf dem Vomero liegt das Schlaraffenland für Fleischliebhaber, das Steak House mit Bergen an saftigem Rindfleisch in allen erdenklichen Ausführungen.

Pizzerias

Neapel, Hauptstadt der Pizza, weist eine gigantisch hohe Anzahl an Pizzerias auf. In der Regel sind dies relativ kleine und unspektakuläre Lokale, bei denen sich die Besitzer meist seit Generationen ausschließlich mit dem „Thema" beschäftigen! Bei einem Besuch in den folgenden Lokalen wird man sicherlich nicht enttäuscht, wenn es um die echte neapolitanische Pizza gehen soll.

63 [E3] **Al 22** €, Via Pignasecca 22, Tel. 081 5522726, https://al22pizzeria.it. Seit 1935 befindet sich diese Pizzeria inmitten des wuseligen Pignasecca-Marktes. In dem engen, schlauchförmigen Gastraum sitzt man zwar nicht am gemütlichsten, aber der Geschmack und das Aroma der üppig belegten Pizzas entschädigen dafür.

64 [E5] **Brandi** €€, Salita Santa Anna di Palazzo 1/2, Tel. 081 416928. Die historischste Pizzeria der Stadt (s. S. 79) bietet bis heute gute Qualität, wenn hier auch in erster Linie Touristen einkehren. Dafür sitzt man (v. a. im ersten Stock) gemütlicher als in vielen anderen vergleichbaren Lokalen.

65 [H2] **L' Antica Pizzeria Da Michele** €, Via Sersale 1/2, www.damichele.net, Tel. 081 5539204. Für viele Neapolitaner ist die Pizza bei Da Michele immer noch unangefochten die beste des Planeten, weshalb sie auch die Wartezeiten ohne Naserümpfen hinnehmen. Angenehm ist dabei, dass der Erfolg des Lokals den Betreibern nicht zu Kopf gestiegen ist und es hier immer noch so simpel und schlicht zugeht wie eh und je. Man sitzt an Marmortischen und es gibt nur die Klassiker Marinara und Margherita sowie Wasser, Cola oder Bier. Wer braucht mehr zum Glücklichsein? Übrigens: Hier wurden einige Szenen des Films „Eat, Pray, Love" (2010) mit Julia Roberts gedreht.

Die Pizza

Die Pizza ist das bekannteste Exportprodukt Neapels und wurde angeblich sogar hier erfunden. Dabei bezieht sich das Prädikat „Made in Napoli" allerdings auf das heutige „Pizzaideal": Es soll am 11. Juni 1889 vom **„pizzaiolo"** (Pizzabäcker) Raffaele Esposito von der Pizzeria Brandi (s. S. 78) zu Ehren von Margherita von Savoyen, der Frau König Umbertos I., hergestellt und nach dieser benannt worden sein. Esposito belegte den Teig patriotisch mit Zutaten in den italienischen Nationalfarben: grünes Basilikum, weißer Mozzarella und rote Tomaten.

Diese als „Pizza Margherita" bekannte Kombination ist die Grundlage zahlloser Varianten, doch die Idee, ein Fladenbrot aus Hefeteig mit diversen Zutaten zu belegen und im Ofen zu backen, ist natürlich viel älter. Die Ägypter kannten ähnliche Rezepte schon vor mehr als 4000 Jahren.

Vielleicht besteht das Manifest des Vereins zum Schutz der echten, handgemachten neapolitanischen Pizza (**Associazione Verace Pizza Napoletana,** kurz **A.V.P.N.**) deswegen darauf, dass die Pizza eben keine Urheber und keine Eigentümer hat, sondern allein das Ergebnis des genialen Erfindungsreichtums des neapolitanischen Volkes ist!

Wie auch immer, die Pizza gehört zu Neapel wie der Vesuv und man sollte während eines Stadtbesuchs zumindest einmal in den Genuss einer solchen kommen. So mancher Tourist mag beim ersten Bissen aber die Nase rümpfen, denn die echte **pizza napoletana** – durch Schilder der A.V.P.N., auf denen Pulcinella als Pizzabäcker vor dem Ofen steht, an den Pizzerias zu erkennen – ist nicht knusprig, sondern weich und saftig, mit einem lockeren Rand, der wie frisches Brot schmeckt. Warum? Diese Art der Teigzubereitung ist anspruchsvoller, als die Pizza so lange im Ofen zu lassen, bis sie knusprig ist.

Die **beliebtesten Pizzen** sind die Margherita und die Marinara (mit Tomaten, Knoblauch, Olivenöl und Oregano), aber es gibt selbstverständlich auch weit üppiger belegte Varianten, wie man sie von heimischen Pizzerias kennt und die z. B. Schinken, Salami, Thunfisch und andere Zutaten, aber nicht unbedingt Tomaten und Käse, beinhalten (müssen).

Klar, dass jeder Neapolitaner seine persönliche Pizzeria-Topliste – immerhin gibt es über 450 in der ganzen Stadt – im Kopf hat, doch die in diesem Buch angegebenen Adressen (s. S. 78) stellen eine Auswahl der namhaftesten und bewährten „Oldtimer" dar.

Bis heute ist die Pizza ein Vergnügen aller sozialen Klassen (auch, aber nicht nur wegen ihres günstigen Preises), ein echter Dauerbrenner und man isst sie gleichwohl mittags als Imbiss, abends mit der Familie oder mit Freunden als echtes Mahl oder mal so eben schnell vor der Theater- oder der Kinovorstellung. Wenn es möglichst schnell gehen soll, isst man sie **a libretto,** also auf die Hand – und zwar gefaltet. Oder probieren Sie doch mal eine **pizza fritta,** also eine in Öl frittierte Teigtasche, die man nicht mit der calzone verwechseln darf. Und was trinkt man zur Pizza? Natürlich Bier!

Tipp: Wer die Kunst der Herstellung einer Pizza erlernen möchte, der kann über die A.V.P.N. einen Kurs buchen. Die „pizzaioli" bieten Kurse auf Italienisch und Englisch an. Mehr Infos gibt es unter Tel. 081 4201205 und auf www.pizzanapoletana.org.

MEIN TIPP

Für den späten Hunger

Nach einem Kneipen- oder Clubbesuch ist es in Neapel auch mitten in der Nacht nicht sonderlich kompliziert, etwas zum Essen aufzutreiben. Gerade in den „nightlife-lastigen" Gegenden findet sich immer zumindest eine offene Pizzeria mit Straßenverkauf und selbst in einigen Kneipen und Bars – z. B. in Chiaia – gibt es Snacks und Imbisse bis in die frühen Morgenstunden (und das sogar oft kostenlos).

66 [C5] **Manfredi** €€, Via Santa Teresa a Chiaia 33, Tel. 081 411647. Neben Pizza gibt es in diesem Lokal im westlichen Teil Chiaias auch reichlich regionale Spezialitäten. Sitzplätze befinden sich nicht nur im Eingangsbereich, sondern zusätzlich auch im großen Gastraum im Keller.

67 [F2] **Sorbillo** €-€€, Via dei Tribunali 32, Tel. 081 446643, www.sorbillo.it. Die „endlosen" Wartezeiten bei Sorbillo mögen die meisten potenziellen Besucher abschrecken, doch wer es erstmal hineingeschafft hat, der wird das Warten nicht bereuen. Die vielfach preisgekrönte Pizza ist wirklich sensationell. Als Alternative bieten sich die zur Familie gehörenden Filialen bei den Hausnummern 35 und 38 an.

68 [E1] **Starita** €, Via Materdei 27, Tel. 081 5573682, www.pizzeriestarita.it. Starita, im etwas entfernt von der Innenstadt gelegenen Viertel Materdei, ist in ganz Neapel bekannt, weil hier Teile des Films „L'Oro di Napoli" („Das Gold von Neapel") von Vittorio De Sica gedreht wurden, in dem Sophia Loren eine Pizzabäckerin spielt. Neben der wirklich leckeren Pizza sollte man auf keinen Fall die Teigstücke namens *angioletti* und die gefüllten Teilchen namens *corna di Maradona* verpassen!

69 [G2] **Vesi** €, Via San Biagio Dei Librai 115, Tel. 081 5511035, www.vesi.it. Wen die Schlangen vor den namhaftesten Pizzerias der Altstadt abschrecken, für den bietet Vesi (ebenfalls in der Via Tribunali) eine sinnvolle Alternative. Man sitzt gemütlich (bei Sonne sogar auf dem Platz davor) und auch hier gibt es das Gütezeichen „Vera Pizza Napoletana".

Der kleine Snack für zwischendurch

Es müssen ja nicht immer Pizza oder Spaghetti *alle vongole* sein! Neapel verfügt über viele Lokalitäten, in denen man auch mal schnell den kleinen Hunger stillen kann. Die besten sind:

70 [G2] **Di Matteo** €, Via Tribunali 94, Tel. 081 455262, www.pizzeriadimatteo.com. Das winzige Ecklokal im Herzen der Altstadt erkennt man – oder eben nicht mehr – an der meist gewaltigen Traube von Menschen, die hier anstehen, um neben Pizza (natur oder in Fett ausgebacken) auf die Hand (nur 1 €!) allerlei frittierte Leckerbissen zu ordern.

71 [E5] **L.U.I.S.E.** €, Via Toledo 269–274, Tel. 081 415367. Dieses große Stehimbisslokal bietet warme Gerichte – *tavola calda* – und Sandwiches, *antipasti,* Pizzastücke, aber auch Kaffee und kalte Getränke sowie vieles mehr. Ideal zur Stärkung bei einem Besuch der Via Toledo.

72 [C5] **Moccia** €-€€, Via San Pasquale a Chiaia 21–22, Tel. 081 402131. Die kultige Feinkosthandlung mit angeschlossener Konditorei, Bäckerei und einer Kaffeebar ist eine „neapolitanische Institution". In diesem Lokal erhält man an der Theke kleine, meist liebevoll angerichtete Snacks für den Hunger zwischendurch.

73 [E5] **Pandorino e Torromacco** €, Via San Carlo 15, Tel. 081 426300. Gegenüber dem Teatro San Carlo 19 liegt dieser Feinkostladen mit angeschlossener

Trattoria und Pizzeria. Mittags gibt es Pizza und Getränke für sagenhaft günstige Preise! Außerdem wird hier die vielleicht beste *Granita al limone* (Zitroneneissorbet) der Stadt serviert.

74 [E5] **Passione di Sofí** €, Via Toledo 206, Tel. 081 405141, www.passionedisofi.com. Perfekt für einen kleinen Snack, zum Beispiel auf dem Weg hinauf auf den Vomero oder vor einer Shopping-Tour. Hier bekommt man unzählige frittierte Köstlichkeiten von Kroketten und Gemüse im knusprigen Teig bis zu den grandiosen *arancini* (Reisbällchen), die man unbedingt probieren sollte.

75 [D6] **Piadina Ailò** €-€€, Via Alabardieri 26, Tel. 081 414676. In diesem Imbisslokal gibt es sagenhaft gute *piadine* und *saltimbocche,* also belegte Brötchen und Sandwiches, aber auch täglich wechselnde kleine Gerichte und andere Snacks.

Bars, Cafés und Eiscafés

Man unterscheidet in Neapel echte Cafés, in denen man sich hinsetzen kann und auch Süßes, Croissants, Brioches und manchmal Sandwiches bekommt, und einfache Bars, die meist nur über eine Theke verfügen, an der man im Stehen auf die Schnelle seinen Espresso trinkt.

76 [G2] **Bar Nilo,** Via San Biagio dei Librai 129, Tel. 081 5517029. Die Bar Nilo ist besonders wegen des Maradona-Schreins im Inneren des Lokals bekannt, doch ein kurzer Stopp lohnt sich, denn der *caffè* zählt hier zu den besten der ganzen Stadt.

77 [F3] **Bar Orientale,** Largo Girolamo Giusso, Tel. 081 5517754. Winzige Espressobar inmitten des Univiertels, die sich durch den kleinen vorgelagerten Platz auszeichnet, denn der wird an schönen Tagen als Sitzerweiterung genutzt.

78 [ck] **Bilancione,** Via Posillipo 238B, Tel. 081 7691923, www.gelateriabilancioneposillipo.it. Auf dem Weg nach Posillipo ans Meer gehört ein kurzer Halt auf ein Eis bei Bilancione irgendwie dazu. Besonders schmackhaft sind hier die klassischen Sorten wie Erdbeer, Vanille, Zitrone oder Schokolade.

79 [cj] **Café Agrillo,** Via Giordano Bruno 81, Tel. 081 680980. Kleines Café im Herzen Mergellinas, in dem man auch draußen sitzen kann. Neben Kaffee bekommt man hier kleine Snacks und diverse Süßspeisen – darunter die vielleicht besten Profiteroli der Stadt.

80 [cj] **Chalet Ciro,** Via Caracciolo 31, Tel. 081 669928, www.chaletciro1952.com. Schlicht und einfach: Hier am Jachthafen von Mergellina gibt es das beste Eis der Stadt – die langen Schlangen am Wochenende sprechen für sich.

81 [D5] **Gran Caffè Cimmino,** Via Gaetano Filangieri 12–13, Tel. 081 418303. Ein Café, in dem sich die Yuppies von Chiaia auf einen Espresso oder einen Aperitif treffen. Guter Kaffee, kalte Imbisse und ein reichhaltiges Angebot an süßen Verführungen – Spezialität ist die *torta al cioccolato bianco.* An schönen Tagen kann man draußen sitzen.

82 [E5] **Gran Caffè Gambrinus,** Via Chiaia 1–2, Tel. 081 417582, https://grancaffegambrinus.com. Eines der wenigen „echten" Cafés im eleganten Wiener Belle-Époque-Stil. Hauseigene Konditorei mit fantastischen Kreationen und auch was den Kaffee angeht, hat das Gambrinus einige Sonderzubereitungen zu bieten. Wer nur auf einen schnellen Espresso kommt, bleibt an der Bar, ansonsten begibt man sich in den Salon mit seinen roten Plüschsesseln. Abends gibt es live gespielte Klaviermusik.

83 [E4] **Il Gelato Mennella,** Via Toledo 110, Tel. 081 404458. Wer besondere Eissorten – z. B. aus Büffelmilch – probieren möchte, sollte sich zu Mennel-

Kleines Kaffee-ABC Neapels

Zwar ist es keine Wissenschaft, einen Kaffee zu bestellen – und das gilt auch mehr oder minder in jeder x-beliebigen Bar am Golfo di Napoli –, trotzdem „outet" man sich schnell als Auswärtiger, wenn man nicht **zwei Grundregeln** kennt. Erstens: Kaffeetrinken ist in Neapel oft nur eine Sache von wenigen Minuten und wird im Stehen erledigt. Man bezahlt an der Kasse, erhält eine Quittung und stellt sich mit dieser an die Theke – ein kleines Trinkgeld von 10 bis 20 Cent gehört hier zum „guten Ton" –, ordert seinen Kaffee (meist mit einem Glas stillen Wassers oder Sprudel serviert, um den Gaumen auf den Kaffeegenuss vorzubereiten), trinkt diesen und verlässt das Lokal wieder. Zweitens: Wer sich an einen Tisch – sofern vorhanden – setzt, zahlt zwei- bis dreimal so viel wie am Tresen.

Zu den beliebtesten Kaffeevarianten gehören: **caffè** (einfacher Espresso, der kaum mehr als einen Fingerhut ausmacht und äußerst stark ist), **caffè macchiato** (Espresso mit Milch), ein **caffè lungo** (Espresso mit etwas mehr Wasser), **caffelatte** (Milchkaffee), **caffè corretto** (Espresso mit einem Schuss Alkohol wie Grappa, Rum oder Baileys), **latte macchiato** (Espresso im Glas mit viel Milch), **caffè alla nocciola** (Espresso mit Haselnussschaum) und **brasiliano** (Espresso mit Milchschaum und Kakaopulver, aber manchmal auch etwas Alkohol). Speziell beim einfachen **caffè** wird man häufig gefragt, ob man ihn **amaro** (bitter) oder **zuccherato** (gezuckert) möchte. Im zweiten Fall wird eine süße Creme in die Tasse gegeben, bevor der Kaffee dazukommt. Im Sommer beliebt sind **caffè freddo** oder **caffè shakerato** (kalter oder mit Eis gemixter Espresso) und natürlich der auch bei uns bekannte **cappuccino,** der in Neapel ausschließlich (!) zum Frühstück getrunken wird. Zwar hat sich die „Unart" der Touristen, den schwer verdaulichen Cappuccino auch nach dem Essen, vielleicht sogar am Abend nach einer Portion **spaghetti alle vongole** zu sich zu nehmen, in Neapel schon hier und da herumgesprochen, trotzdem werden die Einheimischen mehr als verwundert auf diesen Kulturfrevel reagieren… Wer Filterkaffe möchte, bestellt einen **caffè americano,** entkoffeinierter Kaffee heißt **caffè decaffeinato** oder **caffè haag.**

Heute noch keine gute Tat getan? In Neapel gibt es die **Tradition des caffè sospeso**, also eines Espresso, den man zusätzlich zum eigenen bezahlt, aber nicht konsumiert. Der nächste Hilfsbedürftige bekommt ihn dann geschenkt.

020nl Abb.: dk

⊡ *Der „barista" bei der Arbeit*

021nl Abb.: dk

la aufmachen. Neben diesem Hauptladen finden sich weitere Filialen über die Stadt verteilt.

84 [E5] **Il Vero Bar del Professore,** Piazza Trieste e Trento 46, Tel. 081 4976074. Ein Klassiker unter den Stehcafés! Gerade die typisch neapolitanische Atmosphäre macht „il Professore" zu einem erlebenswerten Zwischenstopp für Koffeinfreunde!

85 [F2] **IntraMoenia,** Piazza Bellini 70, Tel. 081 451652, www.intramoenia.it. Charmantes Café an der schmucken Piazza Bellini, in dem sich v. a. Intellektuelle, Künstler und Studenten, aber auch viele Homosexuelle ein Stelldichein geben. Es gibt köstliche Kleinigkeiten zu essen und abends verwandelt sich das Lokal in eine Cocktailbar.

Mehr als ein klassisches Café: das IntraMoenia an der Piazza Bellini

86 [F2] **Libreria Berisio,** Via Port'Alba 28, Tel. 081 5499090. Nicht nur Bücherfreaks kommen in dieses Antiquariat, denn hier befindet sich auch ein Café mit Wohnzimmerambiente, in dem man ganz himmlisch entspannen kann.

87 [F1] **Poppella,** Via Arena Alla Sanità 28A, Tel. 081 455309. Mitten im Herzen der Sanità liegt diese große Pasticceria, in der es neben Kaffee in allen Variationen auch süße Snacks gibt. Die Spezialität sind die *fiocchi di neve* (Schneeflocken) genannten, mit Sahne gefüllten Brioches.

88 [F3] **Scaturchio,** Piazza San Domenico Maggiore 19, Tel. 081 5516944, http://scaturchio.it. In der überlaufenen Altstadt die vielleicht angenehmste Adresse für Kaffee und typisch neapolitanische Süßspeisen wie *sfogliatella* oder *babà,* nicht zuletzt da das Scaturchio die Piazza davor als „Terrasse" (mit Sonnenschirmen) nutzt. Ebenfalls zum Lokal

022nl Abb.: dk

gehört ein Eissalon, wo es auch die grandiosen Schokokonfekte namens *ministeriale* gibt.

89 [B3] **Caffetteria Vanvitelli,** Piazza Vanvitelli 10, Tel. 081 5784853. Beliebt bei Alt und Jung liegt dieses Café mitten auf der Piazza Vanvitelli im Herzen des Vomero. Man kommt auf einen Cappuccino und ein Brioche zum Frühstück, tagsüber auf einen Espresso oder gegen Nachmittag auf ein Glas Campari.

MEIN TIPP

Jazzfreunde aufgepasst

Längst ist die Zeit vorbei, in der Neapel musikalisch nur für Mandolinen und „When the moon hits your eye, like a big pizza pie …"-Schmalz stand. Heute finden sich hier Veranstaltungen zu praktisch allen Stilen, doch ganz außergewöhnlich ist die **Jazzszene.** Fans sollten in **Clubs** wie Sala Santa Cecilia (s. S. 86), Bourbon Street (s. S. 86) oder Mamamu (s. S. 86) den lokalen Jazzern lauschen. Weitere Anregungen, z. B. während des Napoli Jazz Winter Festivals, bekommt man über den Napoli Jazz Club (www.facebook.com/Napolijazz).

Neapel am Abend

Nein, wenig ist in Neapel wirklich nicht los! Die Stadt verfügt über eine Fülle an schick-groovigen, aber auch an alternativen Bars und Kneipen und über eine äußerst lebendige Club- und Discoszene.

Die Gegenden mit den „kürzesten Nächten" – aber trotzdem Ü30-tauglich – sind in erster Linie die Gassen westlich der Piazza dei Martiri 29 wie der Vico delle Belle Donne di Chiaia, der Vico dei Sospiri, die Via Giuseppe Ferrigni oder die Via Bisignano. Hier liegen die hippsten Lokale der Stadt, aber auch auf der Piazza Bellini 12 und anderswo im *Centro Storico* sowie auf dem Vomero, vor allem im Umkreis der Piazza Amedeo [C5] und der Piazza Vanvitelli [B3/4], steppt speziell freitags und samstags gegen Abend gewaltig der Bär.

Da bleibt keine Kehle trocken – unterwegs in den Bars und Kneipen von Chiaia

Bars, Kneipen und Szenelokale

90 [D5] **66 Fusion Bar,** Via Bisignano 58, Tel. 081 415024, tägl. 18–4 Uhr. Die in Chiaia gelegene Bar ist nicht nur Anlaufpunkt für durstige Kehlen, sondern auch für alle, die sich auf eine lange Nacht vorbereiten. Die Getränkepreise sind zwar etwas höher als anderswo, dafür sind die Häppchen an der Bar umsonst! Nebenan, im Chandelier Café, geht es genauso zu.

91 [E4] **Cammarota Spritz,** Vico Lungo Teatro Nuovo 31, Tel. 0039 320 2775687, www.cammarotaspritz.com, Mo–Sa 16–24 Uhr. Vielleicht nicht die coolste, dafür aber eine der entspanntesten Bars der Stadt. Mitten in den Quartieri Spagnoli gibt man sich hier v. a. dem *Aperol Spritz* hin.

92 [D5] **Enoteca Belledonne,** Vico Belledonne a Chiaia 18, Tel. 081 403162, www.enotecabelledonne.eu, Mo–Sa 19–1, So 19–24 Uhr. Hier steht Weintrinken im Vordergrund – und das in recht gepflegter Umgebung, denn die Enoteca Belledonne zieht in erster Linie die Yuppies der Stadt an.

93 [D6] **Flashback,** Vico dei Sospiri 9, Tel. 081 18402325, tägl. 19–2 Uhr. Das Flashback verfügt über keine Tanzfläche, vielmehr wird zu später Stunde in der gesamten Kneipe getanzt – vorrangig zu Latin, Techno und House. Auch Cocktailfans werden hier nicht enttäuscht!

94 [D6] **L'antiquario,** Via Vannella Gaetani 2, Tel. 081 7645390, tägl. 19.30–3 Uhr. Cocktails kann in Napoli wohl keiner besser als diese Bar in Chiaia. Die Drinkauswahl und die lockere Atmosphäre – als Einstimmung für den Clubbesuch empfehlenswert – machen diese edle Adresse zu einem verlässlichen Bestandteil des örtlichen Nachtlebens.

95 [F2] **Lemme Lemme,** Piazza Bellini 74, Tel. 081 295237, tägl. 10.30–4 Uhr. Ob tagsüber zum Entspannen oder abends auf einen leckeren Aperitiv, das Lemme Lemme an der Piazza Bellini ist gemütlich und angesagt zugleich.

96 [E6] **Les Belles Choses,** Via Console Cesario 16, Tel. 081 2451166, tägl. 18.30–3 Uhr. Unweit der Piazza del Plebiscito steht dieser Pub, der vor allem Bierfans anzieht und besonders bei jungen Leuten beliebt ist.

97 [B3] **Penny Black,** Via Enrico Alvino 134/B, www.thepennyblackpub.it, Mo–Fr, So 19.30–1, Sa 19.30–2.30 Uhr. Pub im viktorianischen Stil. Neben diversen britischen und irischen Biersorten gibt es hier auch gute Burger. Am späteren Abend häufig Livemusik!

98 [F3] **Superfly,** Via Cisterna dell' Olio 12, Tel. 0039 3471272178, Mo, Mi–So 19–3 Uhr. Schnuckelige kleine Bar im *Centro Storico* mit guten Cocktails, freundlichem Personal, Musik der 1970er- und 1980er-Jahre und einer angenehm lebendigen Atmosphäre.

Gastro- und Nightlife-Areale

Bläulich hervorgehobene Bereiche in den Karten kennzeichnen Gebiete mit einem dichten Angebot an Restaurants, Bars, Clubs, Discos etc.

Livemusik, Clubs und Discos

Wem mehr nach Liveacts oder Tanzbeinschwingen ist, der sollte die eine oder andere angesagte Adresse der folgenden Liste ausprobieren. Die Eintrittspreise bewegen sich zwischen 5 und 15 €, gerade in den großen Clubs sind die Getränkepreise aber meist happig.

99 [ak] **Arenile,** Via Coroglio 14B, Tel. 081 5706035, www.arenilediba gnoli.it, Juni–September tägl. 22–4, Oktober–Mai Fr, Sa 22–4 Uhr. Das in

Bagnoli gelegene Arenile befindet sich direkt am Strand und ist vor allem für seine Livekonzerte und die Beachdisco bekannt. Man kommt traditionell zum Sonnenuntergang.

100 [F2] **Bourbon Street,** Via Vinvenzo Bellini 52/53, Tel. 0039 3388253756, www.bourbonstreetjazzclub.com, Di–So 19–2 Uhr. Unweit der Piazza Bellini liegt dieser alternative Jazzclub. Neben der Musik sticht das Bourbon Street durch seine große Auswahl an Biersorten heraus!

Smoker's Guide

In Italien herrscht ein totales **Rauchverbot in allen öffentlichen Gebäuden** einschließlich Museen, Einkaufszentren und gastronomischen Einrichtungen. Allerdings werden nicht die Wirte für die Durchsetzung dieses Verbots verantwortlich gemacht, sondern es wird bei einem Verstoß gegen dieses Gesetz nur der Raucher selbst belangt. Gerade im **„Nightlife"-Sektor** sind Kontrollen von Seiten der Polizei äußerst selten und es entspricht nicht der Mentalität der Neapolitaner, ihre rauchenden Mitmenschen zu denunzieren. Nicht selten steckt sich daher in Bars und Kneipen noch der ein oder andere Zeitgenosse einen Glimmstängel an, wenngleich sich die Raucher in der Regel auf der Straße vor dem Lokal versammeln. Es gibt übrigens in Neapel keine raucherfreundlichen Lokalitäten (nicht zuletzt wegen den hohen Auflagen für die Betreiber).

Falls in einem geschlossenen Raum in Ihrer Nähe geraucht wird, können Sie die „Übelriecher" mit einem höflichen „Scusate, ma vi prego di non fumare qui" („Entschuldigung, aber ich bitte Sie, hier nicht zu rauchen") ersuchen, anderswo zu qualmen.

101 [A4] **Flame,** Via Aniello Falcone 378, Tel. 0039 3930763893, https://flamenapoli.com, Di–Do, So 19–1, Fr, Sa 20–2 Uhr. Disco mit großzügiger Tanzfläche und Bar. Im Flame finden unterschiedliche Veranstaltungen statt, die in der Regel äußerst gut besucht sind und dabei Personen verschiedener Altersgruppen anlocken.

102 [bl] **Le Terrazze di Virgilio,** Via Tito Lucrezio Caro 6, Tel. 081 0513255, tägl. 10–23.45 Uhr. Mischung aus Bar und Club im vornehmen Posillipo, die besonders im Sommer durch ihre Open-Air-Tanzfläche beliebt ist. Nach wie vor eine der sehenswertesten Nightlife-Locations der Stadt. Vorwiegend junges (18–25 Jahre) Publikum und musikalischer Schwerpunkt ist House und Elektronik. Ab und zu Gay-Veranstaltungen.

103 [F3] **Mamamu,** Via Sedile di Porto 46, Tel. 0039 3206695222, Do–Sa 19.30–2 Uhr. Das Mamamu ist ein bewährtes Zugpferd der Nightlifeszene. Neben Filmvorführungen finden hier regelmäßige Konzerte lokaler Bands statt, in der Regel bei freiem Eintritt.

104 [fi] **Officina 99,** Via Gianturco 101, Tel. 081 7340853, Do–Sa 20.30–3 Uhr. Neapels alternatives Kulturzentrum – in einem besetzten Gebäude nahe dem Bahnhof – mit Konzerten, Lesungen und allerlei anderen Happenings. Freitags und samstags gibt es Disco, jedoch mit einem Hang zu Indie- und Improklängen. Eintritt auf Spendenbasis (ca. 3 € p. P.).

105 [E4] **Sala Santa Cecilia,** Via Montecalvario 34, Tel. 0039 3357466327, www.salasantacecilia.it. Dieser in einem Hotel gelegene Club ist eine der ersten Adressen, wenn es in Napoli um Livejazz geht. Hier treten namhafte Musiker aus dem In- und Ausland auf.

106 [ci] **Shine,** Via San Domenico 154, Tel. 0039 3204057076, Fr, Sa 20–3.30 Uhr. Das angesagte Shine ist eine

klassische Disco mit elektronik- und houselastigen Klängen. Besonders bei jüngeren Napoletani beliebt. Unter dem Motto *Anatema* finden hier auch regelmäßig LGBT-Events statt.

107 [bl] **Teatro Posillipo,** Via Posillipo 66, www.teatroposillipo.it, Tel. 081 7691742, Mi–So 22–3 Uhr. Diese fantastische Discobar in einem ehemaligen Kino zeichnet sich durch ihr extravagantes Interieur aus. Ob zum Tanzen, für eine Show oder nur auf einen Drink, einfach gut.

Theater und Konzerte

Neapel gilt als Theaterhauptstadt Italiens, immerhin wurde hier im 16. Jh. die *Commedia dell'Arte* geboren. Die Stadt verfügt über eine Fülle guter Theater- und Musikdarbietungen, wobei natürlich zumindest bei Ersterem Italienischkenntnisse notwendig sind. Aktuelle Hinweise auf das Programm findet man in der Tagespresse und in der Stadtzeitschrift Qui Napoli (s. S. 117).

108 [D6] **Associazione Scarlatti,** Piazza dei Martiri 58, Tel. 081 406011, www.associazionescarlatti.it. Barocke Kammermusik gefällig? Die Associazione Scarlatti zählt die besten Kammermusiker Süditaliens zu ihrem Ensemble.

109 [E4] **Galleria Toledo,** Via Concezione a Montecalvario 34, Tel. 081 425037, https://galleriatoledo.it. Die kleine Galleria Toledo hat in erster Linie zeitgenössisch experimentelle Stücke im Programm.

110 [H1] **Lanificio25,** Piazza Enrico De Nicola 46, Tel. 081 6582915, www.lanificio25.it. Hier gibt es erstaunlich abwechslungsreiche Events von Tanz über Theater bis zu Musik zu sehen, darunter viel für jugendliches Publikum und auffallend viele künstlerisch hochwertige Projekte.

MEIN TIPP

Kartenvorverkauf

- **116** [E5] **Box Office,** Galleria Umberto I. 17, https://boxofficenapoli.it, Tel. 081 5519188
- **117** [A5] **Concerteria,** Via Michelangelo Schipa 15, Tel. 081 7611221, www.concerteria.it

111 [F4] **Mercadante,** Piazza Municipio 1, https://teatrodinapoli.it, Tel. 081 5513396. Das Teatro Mercadante wird heute vorrangig von Ensembles des Teatro di Napoli bespielt, wobei v. a. Interpretationen klassischer und zeitgenössischer Stücke und Musicals auf dem Programm stehen. Der Ursprung des Theaters geht auf das Jahr 1779 zurück, als hier speziell *Opere buffe* aufgeführt wurden.

112 [D5] **Pietà dei Turchini,** Via Santa Caterina da Siena 38, Tel. 081 402395, www.turchini.it. Neapels grandioses Ensemble Pietà dei Turchini bietet unter seinem Dirigenten Antonio Florio Kompositionen des 17. und 18. Jh. – z. B. Händel, Scarlatti und Tartini. Häufig finden die Konzerte auch in der Chiesa Santa Caterina da Siena (im *Centro Storico*) statt.

113 [E5] **Teatro Augusteo,** Piazzetta duca d'Aosta 263, www.teatroaugusteo.it, Tel. 081 414243. Gegenwärtige und typisch neapolitanische Stücke, Musicals und Konzerte, aber auch für Kinder und Jugendliche gibt es in diesem Haus inmitten der Innenstadt Programm.

114 [F2] **Teatro Bellini,** Via Conte du Ruvo 14, Tel. 081 5499688, www.teatrobellini.it. Ein äußerst vielfältiges Programm mit Schwerpunkt auf Konzerten neapolitanischer Musik und Musicals.

115 [E4] **Teatro Nuovo,** Via Montecalvario 16, www.teatronuovonapoli.it, Tel. 081 4976267. Alternativ und vielfältig beschreibt wohl am besten, was

Eduardo De Filippo

Nach wie vor stehen Stücke des bekanntesten Drehbuchautors Neapels, Eduardo De Filippo (1900–1984), in vielen Theatern der Stadt auf dem Programm. Kein anderer verstand es besser, das Gemüt und die Mentalität seiner Mitbürger zu Papier zu bringen und seinen Charakteren einzuverleiben. Nahezu alle seine Werke spielen im armen volkstümlichen Milieu und sind dabei melodramatisch und komödiantisch zugleich. Sprachlich orientieren sie sich immer am „kleinen Mann", weshalb die Dialoge der Stücke in der Regal im neapolitanischen Dialekt verfasst sind. Bekanntheit erntete De Filippo nicht nur durch seine Stücke, wie z. B. das im ganzen Land bekannte und alljährlich während der Feiertage ausgestrahlte **„Natale in Casa Cupiello"** („Weihnachten bei den Cupiellos", 1931), sondern auch als Schauspieler und Regisseur bei Filmen wie **„Napoli Milionaria"** (1945/50).

Im Ausland ist De Filippo nicht zuletzt durch die Gemeinschaftsproduktionen mit dem ebenfalls in Neapel groß gewordenen Vittorio De Sica (1901–1974) wie **„L'Oro di Napoli"** („Das Gold von Neapel", 1954) oder **„Ieri, Oggi e Domani"** („Gestern, heute und morgen", 1963) bekannt, in denen u. a. die grandiose Sophia Loren – auch sie stammt aus der Stadt am Vesuv – zu sehen ist. Mit ihr und Totò (s. S. 46) verband den aus Chiaia stammenden De Filippo zu Lebzeiten eine enge Freundschaft. Bis heute gilt er als einer der erfolgreichsten Autoren Italiens. Er wurde für den Literaturnobelpreis nominiert, zum Senator auf Lebenszeit ernannt und erhielt Ehrentitel der Universitäten Birmingham und Rom.

der „Fahrplan" des Teatro Nuovo zu bieten hat. Schwerpunkt sind experimentelle Theaterstücke, aber auch Shakespeare, Pasolini oder Beckett sind im Angebot.

19 [E5] **Teatro San Carlo.** Das älteste, sich noch in Betrieb befindende Opernhaus Europas mit seinem majestätischen Interieur gilt als eines der wichtigsten Italiens und bietet dementsprechend klassische Werke der Oper (Verdi, Mozart usw.) und des Balletts, und das ausschließlich mit Starbesetzung.

118 [D5] **Teatro Sannazaro,** Via Chiaia 157, www.teatrosannazaro.it, Tel. 081 411723. In diesem Haus werden meist Klassiker der neapolitanischen Komödie, darunter viele Stücke von Eduardo De Filippo, aufgeführt.

119 [H1] **Teatro Totò,** Via Frediano Cavara 12E, www.teatrototo.it, Tel. 081 5647525. Wie der Name erahnen lässt, geht es hier um „gute Unterhaltung", wie sie Neapels berühmter Komiker Totò (s. S. 46) geprägt hat.

120 [H2] **Teatro Trianon Viviani,** Piazza Vincenzo Calenda 9, Tel. 081 2258285, www.teatrotrianon.org. Wer Volksstücke in lokaler Mundart sehen möchte, der ist in diesem 1911 eröffneten Logentheater im allerdings etwas dubiosen (und nicht ganz ungefährlichen) Forcella-Viertel goldrichtig. Unter der Leitung des „Schnulzensängers" Nino d'Angelo geht es hier so neapolitanisch zu wie sonst nirgendwo.

Schnäppchenjagd auf einem der vielen Straßenmärkte

Neapel zum Stöbern und Shoppen

Shoppen wird in Napoli ganz groß geschrieben, bietet die Stadt doch ein erstaunlich vielfältiges Angebot an Modeboutiquen und Geschäften mit typischem Kunsthandwerk, regionalen Spezialitäten und mehr oder weniger kitschigen Souvenirs.

Die **Haupteinkaufszone** erstreckt sich im Wesentlichen um die **Via Toledo** ⓮. Dabei sind die Via selbst, aber auch die prächtige Einkaufspassage **Galleria Umberto I.** ⓯, die umliegenden Gässchen sowie die nach Südwesten führende, verkehrsberuhigte Via Chiaia, die sich anschließende **Piazza dei Martiri** ㉙ und das Gebiet westlich davon die prominentesten Adressen. Speziell für **Mode** bietet auch der Corso Umberto I. ㉒ einige Anlaufstationen und auch im gesamten *Centro Storico* finden sich vielseitige Shoppingmöglichkeiten.

Interessant sind außerdem die **„Spezialstraßen"** der Stadt, denn oftmals finden sich Läden einer Branche in der gleichen Straße, so steht z. B. die Via San Sebastiano [F2/3] für Musikinstrumente wie Mandolinen und *Tamburelli* (eine neapolitanische Rahmentrommel), die Via Santa Maria di Costantinopoli [F2] für Antiquitäten, die Rua Catalana [F4] für Blech-, Kupfer- und Messingkunst, die Via Antonio Scialoia [G3] und die Via Grande Orefici [G3] für Schmuck und Gold, die Piazza Mercato [H3] für Spielzeug und das Gebiet um die Port'Alba [F2] für neue und antiquarische Bücher.

014nl Abb.: dk

Orario non-stop?

Feste **Ladenöffnungszeiten** gibt es in Italien nicht. Das Gros der Geschäfte hat Mo bis Sa von 9 bis 13 Uhr und im Winter außerdem von 15.30 bis 19.30 Uhr bzw. im Sommer von 16 bis 20 Uhr geöffnet. Doch gerade an der Via Toledo ⓮ und entlang der Via Chiaia gibt es viele Geschäfte, die durchgehend geöffnet haben *(orario nonstop)*. Viele Läden bleiben auch sonntags für einige Stunden offen und das gilt auch für Feiertage.

Kaufhäuser

- **121** [B3] **Coin,** Via Scarlatti 90–98, www.coin.it. Das klassische Kaufhaus der Coin-Kette liegt am Vomero und bietet auf mehreren Stockwerken so ziemlich alles, was das Shoppingherz begehrt.
- **122** [C5] **Upim,** Via Nicola Nisco 17, www.upim.com. Seit 1928 bietet Upim in üblicher Kaufhausmanier reichlich Brauchbares von Küchenutensilien über Drogerieartikel und Schmuck bis hin zu Mode.

Shoppingareale

Die wichtigsten Shoppingbereiche Neapels sind im Kartenmaterial mit einer rötlichen Fläche markiert.

Mode und Accessoires

Junge Mode in kultigen Designerboutiquen findet man v.a. entlang der Via Toledo 14 und ihren Seitengassen sowie im Umkreis der Via Chiaia [E5], aber auch entlang dem Corso Umberto I. 22 oder auf dem Vomero-Hügel, wo es besonders trendig zugeht. In den Gassen südlich und westlich der Piazza dei Martiri 29, z.B. in der Via Calabritto, der Via Gaetano Filangeri und in der Via dei Mille sind die Flagship-Stores der Haute Couture angesiedelt.

123 [E4] **Antica Sartoria,** Via Toledo 112. Auf der Via Toledo gelegen, bietet die Antica Sartoria verspielt feminine Mode mit einem Touch Wildheit. Die meisten Stücke stammen von Giacomo Cinque.

124 [B3] **Antonio Spatarella,** Via Solimena 82. In Sachen Taschen, Gürtel oder bei der Suche nach anderen Modeaccessoires ist man bei Antonio Spatarella zweifellos richtig.

125 [E5] **Barbaro,** Galleria Umberto I. 84. Einer der wenigen „echten" Modetempel der Stadt mit stilvollen, extravaganten Marken für Sie und Ihn aus Italien und von anderswo. Mode geht in Neapel zwar auch billiger, eine größere Auswahl gibt es jedoch kaum. Verschiedene Filialen auch entlang der Via Toledo.

126 [D5] **Cesare Attolini,** Via Gaetano Filangeri 15 D. *Moda Italiana* für den Herrn? Da sind Sie bei Neapels Modepapst Cesare Attolini gut beraten. Ob klassisch-elegant oder sportlich-modisch, hier führt man die ganze Bandbreite.

127 [C5] **Deliberti,** Via dei Mille 65. Eines der bestsortierten Schuhgeschäfte der Stadt. Sowohl die Qualität als auch die Beratung sind garantiert tadellos.

128 [D6] **E. Marinella,** Riviera di Chiaia 287. Lang und breit oder kurz und bündig: Hier geht es nicht einfach um Krawatten, sondern E. Marinella produziert stilvolle Kunstwerke. Kein Wunder, dass man(n) von Welt „nur" hier seine Binder kauft – und das seit 1914.

129 [D6] **Ferrante,** Via Calabritto 22. Ferrante stellt qualitativ hochwertige, klassische Herrenschuhe her, und zwar 100 % *Made in Napoli.*

130 [C5] **Francesco Tramontano,** Via Vittorio Imbriani 44. Wunderschön gefertigte Schmuckstücke, aber auch Skulpturen aus Silber, Gold und Bronze. Ideal für außergewöhnliche Geschenke.

131 [G3] **Fusaro (1),** Corso Umberto I. 122. Gute Beratung wird in dieser Herrenboutique groß geschrieben und die Preise sind äußert moderat. Zahlreiche Filialen, u. a.:

132 [E5] **Fusaro (2),** Via Toledo 272

133 [E5] **Luisa Spagnoli,** Via Chiaia 200. Auf zwei Stockwerken findet man hier hochwertige und kreative Damenmode.

134 [D5] **Mario Portolano,** Via Chiaia 140. Im Mekka der Lederhandschuhe werden die fünffingrigen Kunstwerke bereits seit 1895 traditionell gefertigt.

135 [G3] **Outlet Hope,** Corso Umberto I. 56. Neben renommierten Trendmarken findet man hier auch viele individuelle Labels mit cooler Mode und zwar bis zu 70 % heruntergesetzt! Das Outlet ist speziell für die „jüngeren Semester" interessant.

136 [D6] **Satriano Cinque,** Vico Satriano 5. Können Maßanzüge Statussymbole sein? Wenn man sie bei diesem Schneider kauft, ja. Aber natürlich hat das seinen Preis.

137 [F3] **Yo Soy Feliz,** Via Benedetto Croce 22. Neben Damenkleidung und Schmuck gibt es hier auch allerlei Accessoires, oft mit einem gewissen indisch-orientalischen Touch.

Bücher und Musik

138 [F2] **Colonnese,** Via San Pietro a Maiella 33. Neapels erste Adresse, wenn es um antiquarische Bücher, Raritäten oder historische Postkarten und Druckwerke geht.

139 [D6] **Feltrinelli,** Piazza dei Martiri 23. Die bestsortierte Buchhandlung Neapels hat neben internationaler Presse eine reiche Regionalia-Abteilung, aber auch sonst fast alles, was das Leserherz begehren könnte.

140 [C4] **fonoteca,** Via Morghen 31 C/F. Das Nonplusultra Neapels in Sachen elektronische Musik, aber auch bei anderen Stilrichtungen wird man hier mit etwas Glück fündig. Zum Geschäft gehört ein beliebtes Lounge-Bar-Café.

141 [G2] **Musicante,** Via San Biagio dei Librai 89. Ob typisch neapolitanische Melodien oder alte und neue Filme, die im weitesten Sinne mit der Stadt zu tun haben – die Auswahl ist groß.

142 [F3] **ubik,** Via Benedetto Croce 28. Hier wird man noch fachmännisch beraten, wissen die Buchhändler doch, was sie verkaufen. Kleine fremdsprachliche Abteilung.

Souvenirs und Geschenke

Die normalen „0815"-Souvenirs wie Schlüsselanhänger, Postkarten, Muscheln, Miniaturvulkane oder sonstigen Krimskrams bekommt man in den Souvenirläden im *Centro Storico.* Etwas ausgefallene Mitbringsel gibt es bei den folgenden Adressen:

143 [B3] **Amaltea,** Via Solimena 93. Bei Amaltea werden Papier-, Stoff- und Seidenblumen hergestellt, und zwar nach altem Brauch. Sehenswert.

144 [F2] **Egraphe,** Piazza Luigi Miraglia 391. Bei Egraphe findet man exklusive Souvenirs wie Briefpapier mit Umschlägen aus handgeschöpftem Papier, aber auch allerlei andere nette Kleinigkeiten.

Die Piazza Dante 13 *ist ein Eldorado für Bücherfans*

145 [G2] **Giuseppe Ferrigno,** Via San Gregorio Armeno 8. In dieser traditionsreichen Werkstatt mit dem angeschlossenen mehrstöckigen Geschäft findet sich alles zum Thema Weihnachtskrippe – und das in einer wirklich hochwertigen Qualität.

KURZ & KNAPP

Kitsch und Aberglaube

Kaum zu übersehen sind die zahlreichen Stände und Shops entlang der Via San Gregorio Armeno, die **kitschige Glücksbringer** und **Amulette** gegen den *malocchio,* den **„bösen Blick"**, verkaufen. Zu den beliebtesten zählen: *'o curniciello* – ein einer Chili ähnelndes rotes Horn – und *'o scartellato* („das bucklige Männchen"), dessen Buckel man berühren soll, um damit Glück und Reichtum zu erfahren. Außerdem finden sich die Hand mit dem ausgestreckten Zeige- und kleinem Finger, die schlechte Gedanken anderer abwehren soll, und das Hufeisen, in dem die Zahl 13 steht. Viele Neapolitaner tragen eines oder mehrere dieser Symbole mit sich oder hängen sie zu Hause oder im Auto auf, denn wie eine lokale Volksweisheit so treffend sagt: *„Nun è 'o vero ... ma ce credo!"* („Es ist nicht wahr... aber ich glaube daran!")

146 [F3] **Giuseppe Miletti,** Via San Sebastiano 32. Bei Miletti werden Saiteninstrumente gefertigt, darunter auch typisch neapolitanische Mandolinen.

147 [E4] **Mario Talarico,** Vico due Porte a Toledo 4B. Auf der Suche nach dem etwas anderen Geschenk? Wie wäre es da mit einem handgefertigten Schirm? Bei Talarico werden diese seit 1860 im Familienbetrieb hergestellt.

148 [E4] **Napolimania,** Via Toledo 309–312, www.napolimania.com. Nicht unbedingt edle, dafür fantastisch witzige und vor allem garantiert neapolitanische Geschenkideen findet man in diesem modernen „Ramschladen". Eine Filiale gibt es am Flughafen (s. S. 110, vor der Sicherheitskontrolle).

149 [eh] **Porcellane Carusio,** Via Ponti Rossi 61. Ein Paradies für Liebhaber neapolitanischer Porzellankunst. Im Workshop dieses alteingesessenen Familienbetriebs werden die Objekte noch per Hand bemalt.

150 [E3] **Spina,** Via Pignasecca 62. Bei Spina kauft man seit mehr als 150 Jah-

Kann denn Kitsch Sünde sein? Wenn's um Weihnachtskrippenzubehör geht, sicher nicht!

065nl Abb.: dk

ren typisch italienische Haushaltsartikel wie Kaffeekocher, Parmesanreiben oder Pastamaschinen.

151 [D6] **Zompetti,** Via Carlo Poerio 42. Fans von kunstvoll bemalter Keramik, bemalten Kacheln und ausgefallenen, fantasievollen Lampen werden diesen Laden lieben.

Lebensmittel und Kaffee

152 [A6] **Antica Latteria D'Angelo,** Via Ferdinando Galiani 4. Ob Büffelmozzarella oder Fior di Latte – wer sich für Milch- und Käseprodukte aus Kampanien interessiert, ist hier in besten Händen.

153 [C5] **Arfé,** Via Santa Teresa a Chiaia 45. *Veramente delizioso* sind die wunderbaren Wurst- und Käsesorten, aber auch sonst sind die Delikatessen hier erste Sahne.

154 [F3] **Eder,** Via Benedetto Croce 44. Das „Schlemmerschlaraffenland" schlechthin. Ob Pasta, Büffelmozzarella, Limoncello oder sonstige exquisite Lebensmittel – hier knurrt einem direkt der Magen. Eine Alternative ist auch die Charcuterie Esposito nebenan.

155 [E2] **Mexico,** Piazza Dante 86, Tel. 081 5499330. Für viele Einheimische ist der Espresso – der Marke S. Passalacqua – bei Mexico der Clou in Sachen Koffein! Man bekommt ihn hier zu trinken und in Retro-Look-Dosen kann man ihn auch zum Mitnehmen kaufen. Mehrere Filialen im Stadtgebiet.

156 [F5] **Pastificio G. Di Martino,** Piazza Municipio 1. Hier gibt es Pasta in allen Variationen und das in äußerst kunstvollen Verpackungen, darunter auch leicht transportierbaren Blechdosen mit wundervollen Illustrationen im Stil der 1950er-Jahre. Auch am Flughafen (s. S. 110) befindet sich eine Filiale (nach der Sicherheitskontrolle).

157 [E5] **Salumeria Regina,** Via Santa Brigida 17. Exklusives Delikatessenläd-

MEIN TIPP

Scontrino? Scontrino!

In Italien ist es Gesetz, dass man die **Einkaufsquittung** – *scontrino fiscale* – **aufheben** muss! So soll sichergestellt werden, dass die Ware nicht gefälscht ist oder illegal importiert wurde. Stichproben der Finanzpolizei, der **Guardia di Finanza,** sind nicht selten. Sie ist massiv in der Bekämpfung des organisierten Verbrechens tätig, denn viele Camorristi gehen ins Netz, weil sie Steuern hinterziehen, nicht weil man ihnen Auftragsmorde, Drogenhandel oder sonstige Straftaten nachweisen kann. Al Capone musste diese Erfahrung seinerzeit auch schon machen – allerdings in den USA. Also Vorsicht, dass Sie vor lauter Freude über das erstandene Schnäppchen nicht die Quittung wegwerfen!

chen mit großem Sortiment an frischer Pasta sowie wunderbaren Wurst-, Schinken- und Käsesorten.

158 [G2] **Taralleria,** Via San Biagio dei Librai 3. In diesem Laden mitten in der Altstadt hat man sich auf die beliebten *taralli* (Teigkringel) spezialisert, die es hier in allen Varianten gibt – ob süß oder salzig.

Wein und Spirituosen

Limoncello und einfache Tafelweine bekommt man in den Lebensmittelgeschäften und in praktisch allen Supermärkten, für ausgefallene Wünsche wendet man sich an folgende Adressen:

159 [ck] **Enoteca Sermoneta,** Largo Sermoneta 31. Wer auf der Suche nach Tipps in Sachen Wein, Likör oder Grappa ist, der wird hier nicht enttäuscht. Auch viele kampanische Tröpfchen.

160 [G2] **L'Enoteca del Grottino,** Piazzetta San Giuseppe dei Ruffi 17.

Eine der bestsortierten Vinotheken der Stadt mit praktisch allen Topweinen Italiens. In der zugehörigen Bar kann man die Tropfen auch gleich vor Ort probieren.

161 [G2] **Limoné,** Piazza San Gaetano 72. Bei Limoné wird der klassische Zitronenlikör mit Namen Limoncello nach altem Rezept ganz ohne Zusatzstoffe hergestellt. Achtung: Die sich lösenden ätherischen Öle der Zitronenschale bilden nach einiger Zeit harmlose grüne Pünktchen!

162 [D6] **Vinarium,** Vico Santa Maria a Cappella Vecchia 7. Umfassendes Sortiment an internationalen Weinen, die man auch vor Ort zu einem Aufpreis glasweise konsumieren kann.

Süßes

In den folgenden Läden gibt es *dolci* – süße Mitbringsel – wie Pralinen, Konfekt, Torten oder die berühmten neapolitanischen Spezialitäten namens *sfogliatella* (eine kegelförmige Blätterteigtasche mit einer süßen Ricottafüllung, entweder knusprig als *riccia* oder weich als *frolla*), *babà* (ein mit Rum getränkter Hefeteigkuchen) und *pastiera* (der klassische Mürbeteigkuchen mit Orangenblütenaroma). Außerdem beliebt sind zahlreiche Variationen von *zeppole* (in Öl frittierte Krapfen), der *castagnaccio* genannte Kastanienkuchen sowie natürlich die sagenhafte *torta caprese* (Schokoladen-Mandel-Torte).

163 [B1] **Bellavia,** Piazza Muzii 27, www.pasticceriabellavia.it. Die Leckereien der berühmten Kuchen- und Tortenmanufaktur sind ein „Gedicht" für Augen und Geschmacksnerven zugleich.

164 [H1] **Carraturo,** Via Casanova 97. In diesem Laden gibt es die vor allem zu Ostern beliebte *pastiera* (eine Torte mit Ricotta und kandierten Früchten), aber auch sonstige süße Spezialitäten.

165 [ci] **Dolce Idea (1),** Via Pietro Castellino 132, https://gennarobottone.eu. *Die* traditionelle Chocolaterie Neapels. Meisterchocolatier Gennaro Bottone bekehrt mit seinen „Cioccoliamoci" („lass uns verschokoladen") genannten Kreationen selbst eiserne Schokomuffel. Filiale:

166 [E5] **Dolce Idea (2),** Via Gennaro Serra 78

167 [F3] **Gay-Odin,** Via Benedetto Croce 61, www.gay-odin.it. In diesem ultimativen Süßigkeitentempel ist einfach alles *yummy!* Neben diversen Konfekt- und Marzipankreationen gibt es auch Pralinen und grandioses Eis. Filialen befinden sich in der ganzen Stadt verstreut.

168 [E5] **La Sfogliatella Mary,** Via Toledo 66. Dieser kleine Kiosk am Eingang zur Galleria Umberto I. gilt als Traditionshaus für eine schnelle frische *sfogliatella* auf die Hand. Anstellen lohnt sich.

169 [E5] **Pintauro,** Via Toledo 275. Wenn's um *sfogliatelle* geht, ist Pintauro in Neapel unübertroffen, denn hier sind sie cremiger als sonst irgendwo.

Beautyartikel und Frisuren

170 [F2] **Kiphy,** Vico San Domenico Maggiore 3. Nach dem Prinzip „jedem Hauttyp seine eigene Seife" werden bei Kiphy spezielle Seifenkreationen – alle ohne künstliche Zusätze – verkauft.

171 [B4] **L'Erbolario**, Via Scarlatti 143. Bei L'Erbolario findet man eine erlesene Auswahl an Cremes, Ölen und anderen Kosmetikartikeln, von denen die meisten aus regionalen Zutaten bestehen und auf natürlicher Basis gefertigt werden.

172 [F3] **Oasis Il Barbiere,** Via Mezzocannone 139/141, Tel. 081 19002463. Herrenhaarschnitt oder Rasur gewünscht? In diesem zauberhaft altmodischen Salon kann man(n) sich zu günstigen Preisen stylen lassen.

173 [D6] **Ostuni,** Via Domenico Morelli 23. Umfangreich, exquisit und zugleich ausgefallen ist die Auswahl an diversen, teils vergessen geglaubten Parfüms und Essenzen in diesem Geschäft.

174 [B3] **Sares,** Via Merliani 84. Die angenehme und ausgesprochen gut sortierte Parfümerie verfügt über viele regionale Produkte.

175 [E3] **Xenon Group,** Via Maddaloni 3, Tel. 081 2528247. Zu Meisterfriseur Francesco Bottone kommen Neapolitanerinnen jeden Alters für den ultimativen Look. Vergleichsweise niedrige Tarife.

Märkte

Neapel verfügt über eine eindrucksvolle Anzahl an Märkten, auf denen natürlich Lebensmittel, Blumen, aber auch Kleidung, Haushalts-, Elektronik- und Gebrauchsartikel sowie oftmals gefälschte Designerwaren und CDs bzw. DVDs verkauft werden. Auf all diesen Märkten geht es meist relativ laut und chaotisch zu und entsprechend sollte man immer gut auf seine Wertsachen aufpassen und möglichst bereits am jeweiligen Stand überprüfen, ob sich auch wirklich das in der Tüte befindet, was man zu kaufen beabsichtigt hatte. So manch überschneller Käufer musste nämlich im Hotelzimmer leider schon feststellen, dass er einen Ziegelstein statt der erwarteten Digitalkamera erworben hat.

176 [C5] **Bancarelle a San Pasquale,** Via Vittorio Imbriani, Mo–Mi und Fr–Sa 8–14 Uhr. Kleiner, aber durchaus nicht zu verachtender Markt mit Damenmode und Haushaltswaren mitten in Chiaia, der vielleicht gerade dadurch besticht, dass er so normal-unaufgeregt ist.

177 [E3] **La Pignasecca,** Via Pignasecca und in den anliegenden Gassen, tägl. 8–13 Uhr. Der malerischste und traditionsreichste Markt Neapels war ursprünglich nur ein Lebensmittelmarkt, doch mittlerweile finden sich hier auch massenhaft Stände, die Musik, Handtaschen, Spielzeug, Parfüm, Mode und Accessoires, Haushaltsartikel und allerlei Krimskrams feilbieten.

178 [B2] **Mercatino di Antignano,** Piazza degli Artisti, Mo–Sa 8–13 Uhr (im August geschlossen). Auf dem Vomero gelegen bietet dieser Straßenmarkt Mode der vergangenen Saison zu anständigen Preisen, aber auch Schuhe, Taschen, Schmuck und selbst Kochutensilien findet man hier.

179 [bl] **Mercato del Casale di Posillipo,** Parco Virgiliano (Bus 140 bis Coroglio, ab dort ca. 500 m über die Via Giovanni Boccaccio bergauf), Do 7.30–14 Uhr (im August geschlossen). Ganz im Südwesten Neapels liegt mit diesem Markt zwar nicht der billigste, dafür aber in Sachen Qualität definitiv der beste der Stadt. Besonders der Designermode wegen strömen jeden Donnerstag die Besucher hierher, allesamt auf der Suche nach

Mein Tipp

Neapels Lebensmittelmärkte

In Neapel gibt es auch mehrere äußerst pittoreske Lebensmittelmärkte, die nicht nur zum Einkaufen von Fisch, Fleisch, Obst und Gemüse geeignet sind, sondern auch zum Schlendern, Beobachten und Genießen. Dazu gehören:

180 [C5] **Mercatino San Pasquale,** Via San Pasquale, tägl. 8–14 Uhr

181 [A6] **Mercato della Torretta,** Via Ferdinando Galiani 30, Mo–Fr 9–18, Sa 9–13 Uhr

182 [H1] **Mercato Sant'Antonio Abate,** Borgo Sant'Antonio Abate, Mo–Sa 9–19.30 Uhr, auch „Buvero" genannt

dem besonderen Etwas. Möglichst früh kommen!

183 [fi] **Mercato di Poggioreale,** Arenaccia, bei der Via Nuova Poggioreale (Straßenbahnlinie 1 bis Nuova Poggioreale), Fr–Mo 8–13 Uhr (im August geschlossen). Auf diesem riesigen Textilienmarkt inmitten des ehemaligen Schlachthauses heißt es „die Spreu vom Weizen trennen", denn auf den ersten Blick gibt es fast nur Schleuderware. Wer aber gründlich sucht, der findet hier durchaus Hochwertiges zu Minimalpreisen. Bei alleine knapp 50 Schuhständen braucht man dafür aber Zeit und Muße.

184 [l2] **Porta Nolana,** Via Diomede Marvasi und die umliegenden Gassen, tägl. 8–18 Uhr. Der bunteste, internationalste, aber auch von zwielichtigen Gestalten frequentierte Markt der Stadt bietet neben Fisch und anderen Lebensmitteln v. a. Unmengen an Ramsch und Kitsch sowie allerlei gebrauchte Artikel.

Vu' cumprà?

Fast überall in Neapel sieht man fliegende Händler, die **gefälschte Markenartikel** wie Handtaschen oder Sonnenbrillen zu Spottpreisen verkaufen. Die allgemein *vu' cumprà* – eine Verballhornung von „Vuoi comprare?" („Möchtest du kaufen?") – genannten Händler kommen in der Regel aus dem Senegal, aus Bangladesch oder Pakistan. Meist halten sie sich illegal in Italien auf und natürlich ist auch ihre Ware alles andere als rechtmäßig hergestellt, weshalb die *vu' cumprà* stets „Katz und Maus" mit der **Polizei** spielen. Zwar mögen die Preise attraktiv sein, doch **Vorsicht,** denn auch dem Käufer blühen in Italien **Strafen von bis zu 10.000 €.** Ganz davon zu schweigen, dass der Zoll am Heimatflughafen äußerst allergisch auf solche Mitbringsel reagiert.

Neapel zum Durchatmen

Als ausgesprochen grüne Stadt kann man Neapel leider nicht bezeichnen. Die Parks und Grünanlagen sind an einer Hand abzählbar, doch dafür hat man entlang dem Lungomare 30 *sowie in Mergellina und Posillipo genügend Orte am Meer, die zum Ausspannen einladen.*

•185 [ei] **Orto Botanico**, Via Foria 223, Tel. 081 2533937, www.ortobotanico.unina.it, Mo–Fr 9–14 Uhr, Eintritt frei (vorherige Anmeldung notwendig). Der 1807 von Joseph Bonaparte gegründete, etwa 12 ha große Botanische Garten der Universität von Neapel dient der Unterstützung von Lehre und Forschung und ist mit über 9000 Arten von Freilandpflanzen – alle beschildert, katalogisiert und erforscht – eine Oase der Stille inmitten der City.

•186 [eh] **Parco di Capodimonte**, tägl. 8 Uhr bis zum Sonnenuntergang, Eintritt frei. Der mehr als 7 km² große Park ist Bestandteil des Areals des Museo Nazionale di Capodimonte 27 und wurde nach einem Entwurf des neapolitanischen Architekten Ferdinando Sanfelice angelegt. Er bietet neben mehreren großen Liegewiesen ein ausgedehntes, von Schatten spendenden Bäumen durchzogenes Gebiet, in dem Wege zu Spaziergängen und Bänke zum Verweilen einladen. Von vielen Stellen aus hat man einen herrlichen Ausblick auf die Stadt und besonders an den Wochenenden verwandelt sich der Park in ein beliebtes Refugium für Großstadtgeplagte und Sonnenhungrige.

★187 [al] **Parco Virgiliano**, Viale Virgilio, Tel. 081 19706082, tägl. 7–23.30 Uhr, Eintritt frei. Der grünste Teil Posillipos liegt hoch über dem Küstenabschnitt und belohnt mit einem herrlichen Aus-

blick. Der Park birgt neben einer üppigen Bepflanzung und zahlreichen Büsten zu Ehren großer Freiheitskämpfer wie Mahatma Gandhi und Simón Bolívar auch das Grab eines der bedeutendsten römischen Dichter der „Augusteischen Zeit“, Publius Vergilius Maro, kurz Vergil (70 v. Chr. - 19 v. Chr.). Die Historiker sind sich allerdings noch uneinig, ob seine sterblichen Überreste tatsächlich hier ruhen. Einen konzisen Abriss seines Lebens gibt das Grabepigramm: „Mantua me genuit, Calabri rapuere, tenet nunc Parthenope; cecini pascua, rura, duces.“ („Mantua brachte mich hervor, Kalabrien raffte mich hinweg, nun birgt mich Neapel. Ich besang Weiden, Fluren, Anführer.“) Man erreicht den Parco Virgiliano mit der Buslinie 140 ab der Piazza Vittoria.

•188 [C6] **Villa Comunale,** tägl. 7–22 Uhr, Eintritt frei. Dieser ursprünglich *Giardino Reale* (Königlicher Garten) genannte Park entstand im Jahr 1781, war aber einst nur einmal pro Jahr für die Öffentlichkeit zugänglich. Das Besondere ist seine Lage am Lungomare 30, nur einen Steinwurf von der Einkaufsmeile Chiaias entfernt, wodurch er auch für müde Shopper der ideale Ort ist, um ein biss-

MEIN TIPP

Neapel für Sonnenanbeter und Morgenmuffel

Alle hier genannten Parks und Grünanlagen, aber auch der Lungomare 30 bieten selbst bei strahlendem Sonnenschein und warmen Temperaturen immer ein Fleckchen, wo man ungestört ein Nickerchen machen oder ungeniert ein Sonnenbad nehmen kann. Angenehm ist in diesem Zusammenhang, dass der „Coffee to go“ sich auch in Neapel steigender Beliebtheit erfreut und man sich – eigentlich unüblich in Süditalien – mittlerweile praktisch in jeder Bar das heiße Getränk auch „einpacken“ lassen kann. Und was tun bei schlechtem Wetter? Nun, speziell die „echten“ Kaffeehäuser – wie Café Agrillo (s. S. 81), Gran Caffè Gambrinus (s. S. 81), Intra-Moenia (s. S. 83) oder Scaturchio (s. S. 83) – erlauben auch dem redefaulen Morgenmuffel, in Ruhe seinen Cappuccino samt Zeitung zu genießen.

In der Villa Floridiana (s. S. 98) entspannt man sich fast automatisch

026nl Abb.: dk

027nl Abb.: dk

Genug des Kommerztrubels? San Gennaro sei Dank gibt es noch die Villa Comunale (s. S. 97)!

chen durchzuatmen und Kraft zu sammeln. Auf den Parkbänken inmitten des idyllischen Grüns scheint der Großstadtstress zumindest für kurze Zeit vergessen. Hier befindet sich auch die Stazione Zoologica (s. S. 71).

•**189** [B4] **Villa Floridiana,** Via Cimarosa 77, tägl. 9 Uhr bis 1 Stunde vor Sonnenuntergang, Eintritt frei. Dieser ausgedehnte Landschaftspark im englischen Stil wurde von Ferdinand IV. im Jahr 1815 für seine langjährige Geliebte und zweite Frau, Lucia Migliacco, Herzogin von Floridia, in Auftrag gegeben, nachdem beide aus dem Exil in Sizilien zurückgekommen waren. Seit 1920 befindet sich das Gelände nicht mehr in adeligem Besitz und Menschen jeden Alters lieben die grüne Lunge des Vomero, nicht zuletzt wegen des wunderbaren Ausblicks, den man von den Balustraden aus genießen kann. Die neoklassizistische Villa inmitten des Parks beherbergt das Museo Nazionale della Ceramica Duca di Martina (s. S. 70), das internationale Keramik ausstellt.

Zur richtigen Zeit am richtigen Ort

Januar, Februar, März

› Am 17. Januar feiert man in vielen Stadtteilen die **Festa d'ò Cippo di Sant'Antonio,** das Freudenfeuer zu Ehren des heiligen Antonius, bei dem die Gläubigen nicht mehr benötigte Gegenstände zeremoniell verbrennen.

› Im Februar steht auch Neapel im Zeichen des **Carnevale,** wenn dieser hier auch nicht so lebendig begangen wird wie in Rio, in Venedig oder am Rhein. Besonders Kinder und Jugendliche lieben es, in Verkleidungen durch die Straßen zu ziehen.

› Etwa Mitte Februar wird es sportlich in Neapel: Die Stadt läuft im **Napoli Half Marathon** mit „sich selbst" um die Wette (www.napolirunning.com).

› Am 19. März feiert man die **Festa di San Giuseppe,** während der in der ganzen Stadt – speziell in der Via Medina – die herrlichen *zeppole* (Teigkrapfen) gegessen werden.

› Zu **Ostern** finden in der sogenannten **Settimana Santa** Prozessionen und Passionsspiele vor allem in den Straßen der Altstadt, aber auch anderswo statt. Höhepunkt ist die **Processione della Madonna dell'Arco** zur Wallfahrtskirche in Sant'Anastasia am nördlichen Fuß des Vesuv. Im Rahmen von **Emozioni Pasqua** finden in vielen Kirchen und auf Plätzen Gratiskonzerte statt.

April, Mai, Juni

- Die erste Aprilwoche steht im Zeichen der **Settimana della Cultura,** bei der viele Museen freien Eintritt gewähren und bis spät abends offen bleiben.
- Anfang April beherbergt das Castel Sant'Elmo 33 ein internationales Comic- und Trickfilmfestival namens **Comicon** (www.comicon.it).
- Am ersten Samstag im Mai findet im Duomo di San Gennaro 1 die **Festa di San Gennaro** mit der dazugehörigen Blutverflüssigung (s. S. 15) und einer großen Prozession statt.
- An den Wochenenden im Mai steht die Stadt im Zeichen des **Maggio dei Monumenti** genannten Kulturevents (www.comune.napoli.it), bei dem zahlreiche Veranstaltungen wie Konzerte und Ausstellungen unter einem alljährlich wechselnden Motto stattfinden. Viele sonst der Öffentlichkeit verschlossene Orte öffnen dann ihre Pforten.
- Ende Mai segeln Teilnehmer aus aller Welt in der **Regata dei Tre Golfi** (www.tregolfisailingweek.com) zwischen Neapel, Salerno und Gaeta um die Wette.
- Am ersten Sonntag im Juni gibt es die **Giornata Nazionale dello Sport,** also den „Nationalen Tag des Sports", an dem es an unterschiedlichen Orten der Stadt Happenings zum Thema Bewegung und Gesundheit gibt.
- Mitte Juni ist in Neapel Cineastenzeit, denn hier öffnet das alljährliche **Napoli Film Festival** (www.napolifilmfestival.it) seine Tore.
- Mitte Juni dreht sich während des **Pizzafests** alles um das berühmteste Geschenk Neapels an die Welt. Das Festival wird über etwa zehn Tage entlang des Lungomare (s. S. 55) veranstaltet.
- Mitte Juni findet die fünftägige **Independent Film Show** (www.em-arts.org) statt, in deren Rahmen an die dreißig Filme vorgeführt werden.
- Ende Juni/Anfang Juli stehen ganz im Zeichen des **Campania Teatro Festival,** bei dem lokale und internationale Größen der Bühnenkunst an diversen Orten der Stadt spielen (https://campaniateatrofestival.it).

Juli, August, September

- Von Anfang Juli bis Ende September gibt es im Rahmen der **Estate a Napoli** (www.comune.napoli.it) genannten Sommerfestwochen zahlreiche Open-Air-Veranstaltungen mit Musik, Tanz und Theater.
- Etwa in der zweiten Juliwoche feiert man zum **Bufalafest** (www.bufalafest.com) den weltberühmten Büffelmozzarella mit vielen Ständen der Produzenten entlang des Lungomare.
- Im Juli bietet das **Ensemble Il Pozzo e il Pendolo** (www.ilpozzoeilpendolo.it) Musiktheateraufführungen an historisch markanten Orten der Stadt.

Feiertage

- **1. Januar:** Capodanno (Neujahr)
- **6. Januar:** Festa della Befana (Heilige Drei Könige)
- **25. April:** Festa della Liberazione (Tag der Befreiung vom Faschismus)
- **1. Mai:** Giorno del Lavoro (Tag der Arbeit)
- **2. Juni:** Festa della Repubblica (Nationalfeiertag)
- **15. August:** Ferragosto (Mariä Himmelfahrt)
- **1. November:** Ognissanti (Allerheiligen)
- **4. November:** Giornata delle Forze Armate (Tag des Militärs und des Kriegsendes)
- **8. Dezember:** Immacolata Concezione (Mariä Empfängnis)
- **25. und 26. Dezember:** Natale (Weihnachten)

Immer „up to date"
Infos zu **aktuellen Terminen und Veranstaltungen** findet man in den Tageszeitungen Il Mattino und La Repubblica Napoli.

- Am 15./16. Juli findet das **Fest zu Ehren der Santa Maria del Carmine** statt, bei der vom Glockenturm der ihr geweihten Kirche 23 ein Feuerwerk entfacht wird.
- Der 25. August steht im Zeichen des **Blutwunders der Santa Patrizia di Costantinopoli,** das in der Chiesa di San Gregorio Armeno 6 „vorgeführt" wird.
- Ab dem 7. September feiert die Stadt die zehntägige **Festa di Piedigrotta** zu Ehren der Madonna di Piedigrotta mit reichlich Musik, Festparaden und Straßenumzügen. An verschiedenen Orten der Stadt finden Events statt (www.comune.napoli.it), aber das Zentrum der Festivitäten bildet die Piazza del Plebiscito 16.
- Am 19. September findet im Duomo di San Gennaro 1 eine weitere **Festa di San Gennaro** statt.

Oktober, November, Dezember

- Ab Anfang November beginnt die **Hauptsaison der Krippenbauer** der Via San Gregorio Armeno und die gesamte Gegend verwandelt sich in eine Art großen Weihnachtsbasar (https://nataleanapoli.it).
- Am 8. Dezember, dem Tag der **Mariä Empfängnis,** erklimmen Freiwillige die auf einem 34 m hohen Rokkoko-Obelisken ruhende Madonnenstatue auf der Piazza del Gesù Nuovo 10, um ihr einen Blumenstrauß um die Füße zu binden.
- Am 16. Dezember findet im Duomo di San Gennaro 1 ein drittes Mal, wenn auch kleiner als sonst, die **Festa di San Gennaro** mit der obligatorischen Blutverflüssigung (s. S. 15) statt.
- In der Adventszeit siedeln sich entlang der Via Toledo 14 und ihren Seitengassen einem kleinen **Weihnachtsmarkt** ähnelnd viele Stände an, die allerdings vor allem Billigwaren aus Fernost verkaufen. Besuche der **Kirchen** lohnen, denn dann werden großartige Krippen errichtet.
- Silvester feiert man in Neapel am besten auf der Piazza del Plebiscito 16, wo ein riesiges Konzert mit anschließendem **Feuerwerk** das Neue Jahr willkommen heißt. Hier gibt es bereits traditionell im Vorfeld ab dem 20. Dezember große **Kunstinstallationen** zu bewundern. Ein riesiges Feuerwerk findet auch über dem Castel dell'Ovo 28 statt.

Typisch Bella Napoli: enge Gassen, über denen die frisch gewaschene Wäsche flattert

NEAPEL VERSTEHEN

003nl Abb.: dk

Neapel ist Italiens drittgrößte Stadt und dabei eine der reizvollsten und gleichzeitig auch problembehaftetsten Städte des Landes zugleich, gerade dieser Gegensatz macht die Metropole am Golf jedoch so spannend und einmalig. Die Stadt ist über Jahrhunderte gewachsen und Neapels alter Kern ist dabei das geblieben, was er bereits immer war: ein Kleinod! Im Folgenden wird ein wenig von der Historie der Stadt erzählt, von ihrer Entwicklung, aber auch von ihren aktuellen Problemen.

Neapel – ein Porträt

Der Legende nach wurde Neapel von Einwohnern der bereits um 750 v. Chr. entstandenen **griechischen Kolonie Kyme** begründet. Einige Kilometer entfernt legten sie auf dem Hügel Pizzofalcone eine Stadt namens Parthenope an und aus dieser Niederlassung ging 500 v. Chr. wohl durch Erweiterung der „Alten Stadt“ (griech. *Paläopolis*) am Fuße des Hügels schließlich die „Neue Stadt“ (griech. *Neapolis*) Neapel hervor – kein Wunder, liegt sie doch geschützt durch den Apennin am **fischreichen Golf.** Gleichzeitig befindet sich Neapel jedoch zwischen zwei aktiven vulkanischen Gebieten, dem **Vesuv** und den **Campi Flegrei** (Phlegräischen Feldern). Diese Tatsache sorgt zwar für eine **ständige Bedrohung** der Menschen, doch durch die vulkanischen Thermalquellen und das wachstumsfördernde mediterrane Klima gibt es hier überaus **fruchtbare Böden,** wodurch die Gegend von alters her zu den am dichtesten besiedelten Gebieten Italiens gehört.

Man muss nie weit fahren, um außerhalb der Stadt in den Genuss der **Natur** und des **Meeres** zu geraten. Gut so, denn Neapel selbst ist äußerst dicht bebaut, machen Parks, Gärten und Gartenanlagen doch nur einen relativ kleinen Teil der knapp 117 km² großen Fläche des Stadtgebiets aus. Hinzukommt eine **verhältnismäßig große Umweltbelastung,** wenn auch die Smog-, Feinstaub- und Ozonbelastung in der Regel kein andauerndes Problem darstellt. Ganz anders verhält es sich mit dem Thema **Müllentsorgung,** denn durch Misswirtschaft, Korruption und mafiöse Machenschaften versäumte es die örtliche Regierung, eine sinnvolle Infrastruktur zu schaffen und so stapeln sich immer wieder – ungetrennte – **Berge von Müll** (Neapel produziert tagtäglich etwa 4000 Tonnen Abfall) in den Straßen der Stadt, ganz zu schweigen vom **Sondermüll,** der oft im Umland vergraben wird und die Böden verseucht. Erschreckend? Nun, als Besucher wird man nur am Rande mit diesen Problemen konfrontiert und sie beeinträchtigen in den seltensten Fällen den Aufenthalt.

Durch die einigermaßen **logische Stadtgliederung** findet man sich relativ einfach zurecht und das Zentrum ist aufgrund seiner **überschaubaren Größe** geradezu prädestiniert dafür, zu Fuß erkundet zu werden. Wer die Stadt besucht, sollte dies nicht zuletzt wegen ihres spannenden **architektonischen Erbes** tun. Bis heute wird der historische Innenstadtbereich – *Centro Storico* und *Centro Monumentale* – durch ein **Labyrinth aus schmalen Gassen** – oft noch aus der römischen Epoche – und von einigen herausragenden **Plätzen und Bauwerken** geprägt. Aber Achtung! Zwar verblüfft das Zentrum mit sei-

nem altertümlichen Antlitz, etwas außerhalb wird dieses Bild aber durch öde Trabantensiedlungen „ad absurdum" geführt. Wegen dieses krassen Gegensatzes erstaunt es nicht, dass die **Immobilienpreise** von Gegend zu Gegend stark variieren und von jeher besteht eine scheinbar unüberwindbare Kluft zwischen den wohlhabenden und ärmeren Stadtvierteln. Es bleibt zu hoffen, dass sich hier in Zukunft etwas tut, z. B. eine bessere Zusammenarbeit zwischen Stadtverwaltung und Kunstschaffenden, um Neapels Image als **innovative Kulturmetropole** auch im architektonischen Sinne fortzusetzen.

Von den Anfängen bis zur Gegenwart

Vorchristliche und römische Zeit

ca. 750–700 v. Chr. Erste Besiedelung der Region Kampanien durch die Griechen.
ca. 500 v. Chr. Gründung der griechischen Niederlassungen Parthenope und der „Neuen Stadt" (griech. *Neapolis*).
326 v. Chr. Es kommt zum Bündnisvertrag mit dem expandierenden Rom, Neapel behält die griechische Sprache und Verfassung.
88–82 v. Chr. Während der römischen Bürgerkriege steht Neapel auf der „falschen" Seite und wird dem Imperium als abhängige Provinzstadt einverleibt. Die Golfregion wird zum Zentrum griechisch-römischer Kultur und zur exklusiven Wohngegend.
79 n. Chr. Ausbruch des Vesuv, Pompeji und Herculaneum werden von Lava und Asche verschüttet.
ab ca. 200 n. Chr. Die erste frühchristliche Gemeinde nutzt Katakomben unter der Stadt als Grabstätten. Hier werden Anfang des 4. Jh. die Gebeine des Märtyrers Januarius bestattet.
ca. 300 Mittlerweile ist die griechische Bevölkerung Neapels ethnisch und kulturell vollständig durch Italiker absorbiert worden. Latein setzt sich endgültig gegen das Griechische durch.
476 Das Weströmische Reich geht unter, die Ostgoten übernehmen kurz die Macht.
550 Der oströmische Feldherr Belisar erobert Neapel, die byzantinische Herrschaft beginnt.
ab Ende des 6. Jh. Neapel wird zum autonomen Herzogtum.

Mittelalter

763 Neapel fällt an die Langobarden, die römisch-katholische Kirche gewinnt an Einfluss.
835 bis ca. 890 Die Herzöge von Neapel holen sizilianische Araber aufs Festland, die Stadt wird kurzzeitig zur Ausgangsbasis für die Ausbreitung des Islam in Italien.
bis Ende des 11. Jh. Die Stadt ist von anhaltendem Wohlstand geprägt und beherrscht noch vor den Venezianern und Genuesen den Seehandel im Mittelmeer.
1139 Eroberung Neapels und Angliederung an das normannische Königreich Sizilien. Die Stadt behält ihre multikulturellen Wurzeln.
1194 Ende der Normannenherrschaft, die Staufer unter Heinrich VI. übernehmen.
1215–1250 Heinrichs Sohn und Nachfolger Friedrich II. regiert von Apulien aus. Er gründet 1224 mit der Universität Neapel die erste staatliche Hochschule Europas.
1265 Der Franzose Karl I. von Anjou erobert das sog. „Königreich beider Sizilien" als Lehensnehmer des Papstes Klemens IV.
1267 Nach erbitterten Auseinandersetzungen mit den staufischen Erben wird der 16-jährige Corradino di Svevia (Konrad

II.), der letzte männliche Staufer, 1268 in Neapel enthauptet.

1282 Im „Sizilianische Vesper" genannten Bürgeraufstand gegen die Anjous spaltet sich Sizilien von ihrem Königreich ab und fällt an die Aragonesen. Neapel wird Kapitale des Anjou-Reiches.

bis 1442 Die Herrschaft der Anjous ist zwar von brutaler Unterdrückung geprägt, doch sorgen sie für eine wirtschaftliche und kulturelle Blütezeit der Stadt und ergreifen grundlegende städtebauliche Maßnahmen zu ihrer Modernisierung.

Neuzeit

1442 Alfons I. von Aragonien erobert Neapel, vereinigt es wieder mit Sizilien, intensiviert die wirtschaftlichen Verbindungen zur iberischen Halbinsel und macht die Stadt zu einem Zentrum der italienischen Renaissance, doch die Bevölkerung verarmt kläglich. In der Folge regieren spanische Vizekönige.

1532–1553 Amtszeit von Vizekönig Pedro Álvarez de Toledo. Mit etwa 210.000 Einwohnern ist Neapel nach Paris die zweitgrößte Metropole Europas. Es finden verstärkt städtebauliche Maßnahmen statt wie der Bau der Spanischen Viertel *(Quartieri Spagnoli)* westlich der nach dem Vizekönig benannten Via Toledo.

17. Jh. Zunehmende Verschärfung der Klassengegensätze, nirgendwo im westlichen Europa sind die sozialen Unterschiede so ausgeprägt wie in Neapel. Katastrophen wie eine Hungersnot (1624), ein Vesuvausbruch (1631), die Pest (1656) und ein Erdbeben (1688) erschüttern die Stadt. Es bilden sich erste Geheimbünde und kriminelle Organisationen heraus.

1647 Die sozialen Spannungen gipfeln im Masaniello-Aufstand, bei dem Tommaso

095nl Abb.: © kaprikfoto, stock.adobe.com

Aniello (1620–1647) seinen Aufruf zum Aufstand gegen die Spanier mit dem Leben bezahlt.

1707–1735 Die spanischen Habsburger werden durch die österreichische Linie abgelöst, für die Neapolitaner ändert sich dadurch wenig.

1735–1799 Die Bourbonen, die infolge des spanischen Erbfolgekrieges 1712 den spanischen Thron erworben hatten, übernehmen die Herrschaft über Süditalien. Unter Karl VII. und dessen Sohn und Nachfolger Ferdinand IV. setzt eine gemäßigte Reformpolitik ein.

1799 Französische Revolutionstruppen ziehen in Neapel ein. Ausrufung der Parthenopäischen Republik, die jedoch bei großen Teilen der ungebildeten Bevölkerung auf wenig Gegenliebe stößt. Das republikanische Experiment endet nach wenigen Monaten. Ferdinand IV. kehrt aus dem Exil zurück, grausame Verfolgungen der Republikaner finden statt, bei denen fast die gesamte intellektuelle Elite der Stadt ausgelöscht wird.

1806–1815 Napoleon besetzt die Stadt und setzt seinen Bruder Joseph (1806–1808) und danach seinen Schwager Joachim Murat (1808–1815) als Könige ein. Letzterer leitet umfangreiche Sozialreformen ein und genießt große Beliebtheit in der Bevölkerung.

ab 1815 Mit dem Untergang Napoleons kehren die Bourbonen nach Neapel zurück und beseitigen auch die letzten Spuren französischer Reformbemühungen, doch große Teile der Bevölkerung freunden sich mit den Ideen des *Risorgimento* (Wiedererstehung), der Schaffung eines vereinten unabhängigen Italiens, an.

1860 Am 7. September marschieren die Truppen Giuseppe Garibaldis in Neapel ein, am 21. Oktober stimmen die Neapolitaner in einem Plebiszit mit überwältigender Mehrheit für den Anschluss an das Königreich Italien.

Jüngere Geschichte

1861 Proklamation des Vereinigten Königreichs Italien als konstitutionelle Monarchie am 17. März. Viele Einwohner der Stadt identifizieren sich nur in sehr geringem Umfang mit dem neuen Staat. Starke Rückständigkeit des Südens gegenüber dem Norden aufgrund jahrhundertelanger Misswirtschaft von Seiten der Herrscher.

1884 Schwere Choleraepidemie. Von Rom aus eingeleitete Notstandsmaßnahmen zur Sanierung der Elendsquartiere bleiben Makulatur.

Ende des 19. Jh. Versuche einer Industrialisierung scheitern durch Fehlplanung, mangelnde Infrastruktur und Korruption. Die überforderten Präfekte instrumentalisieren Mitglieder krimineller Organisationen, um die Unterschicht im Zaum zu halten. Die ersten großen Auswanderungswellen nach Norditalien, Argentinien, Brasilien und in die USA setzen ein.

1922–1943 Faschistische Herrschaft unter Benito Mussolini, der Zweite Weltkrieg überlagert die sozialen Probleme der Stadt. Bombardements und deutsche Besatzung nach Mussolinis Absetzung. Am 1. Oktober 1943 befreien sich die Neapolitaner selbst von den Deutschen.

ab 1944 Erneuter Ausbruch des Vesuv (1944). Die amerikanische Besatzung sorgt für eine kurze Periode des relativen Wohlstands, u. a. durch den gebilligten Schmuggel von Zigaretten. Die Camorra erstarkt erneut. Mit Enrico de Nicola wird 1946 ein Neapolitaner zum ersten Präsidenten der Republik gewählt.

1950–1970 Verschlechterung der sozialen Verhältnisse durch Misswirtschaft und Korruption. Weitere große Auswanderungswellen, u a. nach Deutschland.

◁ Bietet Schutz und Trutz: das Castel Nuovo ㉑

1970er- und 1980er-Jahre Trotz Milliarden an Subventionen aus dem Norden erlebt die Stadt eine beispiellose Verquickung von Wirtschaft, Politik und kriminellen Organisationen. Verstärkter Bandenkrieg zwischen Camorra-Clans.

1980 Erdbeben im Hinterland, durch das auch Neapel stark beschädigt wird. Damit verbundene Umsiedlung vieler Menschen in neu gebaute Satellitenstädte an der Peripherie wie Secondigliano oder Scampia, die heute als Camorra-Hochburgen und Hauptumschlagplätze des Drogenhandels in ganz Europa gelten.

ab 1992 Die Aktion „Mani Pulite" („Saubere Hände") bringt neuen Wind in die politischen Strukturen des Landes und in Neapel ändern sich unter dem Bürgermeister Antonio Bassolino (1993–2001) die Verhältnisse zum Positiven hin.

1994 In der Stadt finden der G7-Weltwirtschaftsgipfel und die UN-Konferenz über organisiertes Verbrechen statt.

1995 Das *Centro Storico* wird von der UNESCO zum Weltkulturerbe erklärt.

2001 Rosa Russo Iervolino setzt das Mitte-Links-Bündnis von Bassolino und die von ihm begonnene Kommunalpolitik fort.

2004–2006 Die Blutfehden zweier großer Camorra-Clans erschüttern die Stadt.

2014/2015 Giftmüllskandal in der Region (Terra dei Fuochi), Erweiterung des Nahverkehrsnetzes

2021 Der parteilose ehemalige Hochschullehrer Gaetano Manfredi wird Bürgermeister der Stadt.

2022 Durch die Coronakrise und die Auswirkungen des Kriegs in der Ukraine leiden immer mehr Menschen in Neapel unter steigenden Lebenshaltungskosten.

Die Camorra

Leider ist Neapels Image eng mit der Camorra und deren Geschäftspraktiken verbunden. Als Camorra bezeichnet man nicht eine einzelne Verbrecherorganisation wie z. B. die sizilianische Cosa Nostra, sondern den losen **Verband von autonomen Familienclans,** die in praktisch allen „halboffiziellen" und **illegalen Geschäftsfeldern** in Neapel und der Region Kampanien (mittlerweile aber auch in Restitalien und im Ausland) ihre Finger im Spiel haben.

Während die meisten anderen Mafiaorganisationen vertikal organisiert sind, spricht man in der Camorra von einer **horizontalen Struktur,** bei der nicht ein „Pate" das Sagen über alle Mitglieder hat. Dadurch ist die Camorra **in ständigem Wandel,** alte Clans verlieren durch interne Fehden oder die Justiz an Einfluss und neue entstehen.

Gegenwärtig bestehen **etwa 15 bis 20 Clans,** denen rund 110 Familien und über 7000 Mitglieder angehören. Jährlich gehen mehr als 100 Morde auf ihr Konto, in der Regel aber nur zwischen rivalisierenden Clans.

Wirtschaftlich geht in der Stadt ohne die Camorra kaum etwas und sie kontrolliert die zentralen Schalthebel, oftmals still geduldet von Politikern und anderen Entscheidungsträgern, die aus Angst und Abhängigkeit nicht reagieren können oder wollen: Schätzungsweise bis zu 80 % der Geschäftsinhaber in Neapel zahlen das als „pizzo" bekannte Schutzgeld.

Deshalb bleibt, trotz wachsendem Widerstand von Seiten der Bevölkerung und einer immer mehr ausgeprägten Zivilcourage, das Thema Camorra für viele zumindest in Gesprächen mit Fremden tabu.

Leben in der Stadt

Neapel ist in der Tat laut, schmutzig und chaotisch und ja, es gibt sie, die Müllberge, die Taschendiebe und die Camorra, die örtliche Version der Mafia. Und dennoch: Neapel ist ein Juwel, ein Paradies für Hedonisten, eine nimmermüde „Serenata", ein Feuerwerk für alle Sinne und dabei bezaubernd unkonventionell. Hier am Fuße des Vesuv finden sich wahrhaftig alle Klischees Italiens: enge, mit Wäsche überspannte Gassen, wild gestikulierende Zeitgenossen und der ewig im oberen Dezibelbereich angesiedelte Geräuschpegel. Wer Ruhe und Entspannung sucht, ist hier definitiv falsch, doch wer sich auf das prickelnde Leben einstellt, der wird reich belohnt, denn Neapel ist wie eine Überdosis „Bella Italia"!

Die Hauptstadt der Region Kampanien ist mit etwa 912.000 Einwohnern nach Rom und Mailand die **drittbevölkerungsreichste Stadt des italienischen Stiefels**, wobei diese Zahl ohne die hohe Dunkelziffer an amtlich nicht registrierten Personen zu sehen ist. Auch das Umland ist dicht besiedelt und mitsamt den Vororten weist Groß-Neapel sogar über 4,5 Millionen Einwohner auf. Innerhalb der EU gehört die Region jedoch zu den **ärmeren und unterentwickelten Gegenden** und die Provinz Kampanien belegt in Sachen (offizielle) Wirtschaftskraft im nationalen Vergleich von insgesamt 103 Provinzen immer einen der letzten Plätze. Das ist wenig verwunderlich, denn die Wirtschaft ist v. a. durch **Kleinunternehmen** geprägt. Größere Industrie fehlt fast gänzlich, höchstens der Hafen – Neapel ist eine der **bedeutenden Verkehrsdrehscheiben Europas für Cargo- und Güterverkehr** – sorgt für stabile Umsätze.

Die astronomische **Arbeitslosenquote** in Neapel schwankt zwischen 20 und 30 %. Natürlich ist das ein perfekter Nährboden für die Machenschaften der **Camorra**, deren Clans die Schattenwirtschaft (Drogenhandel, illegale Müllentsorgung, Produktpiraterie, Prostitution, Schmuggel, Schwarzhandel, Waffenhandel u. Ä.) dominieren. Die Camorra gilt inoffiziell als der **größte Arbeitgeber** Neapels und die Schattenwirtschaft beschert der Stadt ein **milliardenschweres Wirtschaftsvolumen**.

Trotz aller Probleme ist Neapel aber eine sehr liebenswerte Stadt und verfügt, nicht zuletzt wegen der einzigartigen Lage an einer der **schönsten Küstenabschnitte Europas**, über eine **recht gute Lebensqualität** – und das wissen nicht nur die Neapolitaner. Menschen aus aller Welt fühlen sich hier zu Hause. Neapel kann getrost als **„melting pot"** bezeichnet werden, wo u. a. große Communitys aus Bangladesch, Indien, Pakistan, Polen, Sri Lanka und der Ukraine bestehen.

Die *napoletani* haben es in den Genen, zu **improvisieren** und die Dinge des Alltags mit Gelassenheit, Kreativität und einem **Augenzwinkern** zu meistern; immerhin war die Stadt über viele Jahrhunderte eine der ärmsten Europas und wer hier überleben musste, der war darauf angewiesen, dem Alltag auf unkonventionelle Art und Weise zu begegnen. Als Besucher sollte man als einzige Voraussetzung daher ein wenig **Flexibilität** mitbringen, um sich auf das Neue einzustellen. Wer offen ist und sich mit einem **Hauch Humor** auf *Napoli* einlässt, der wird die Lebensphilosophie der Menschen hier schätzen und lieben lernen, auch wenn es eben so gar nicht wie an der Elbe, der Saar oder der Donau zugeht.

Roberto Saviano und Neapels schlechter Ruf

Mit dem denkwürdigen Satz „Ihr verfluchten Dreckskerle, ich lebe noch!" endet das 2006 in Italien erschienene Sachbuch **„Gomorrha – Reise in das Reich der Camorra"** von **Roberto Saviano.** Sein Werk, das seit 2007 auch auf Deutsch vorliegt, schildert anhand von teils selbst erlebten Tatsachenberichten die Geschäftspraktiken der **Camorra.** Saviano beschreibt detailgetreu die Machenschaften und Verflechtungen der einzelnen Clans und Familien, nennt auch die Namen der Drahtzieher und zeichnet so ein erschütternd **realistisches Bild des organisierten Verbrechens** in Neapel und seiner Umgebung. Der Leser bekommt dabei anhand von persönlichen Geschichten einen Einblick in eine Welt, in der die **tiefe Frustration** und **Hoffnungslosigkeit** der Menschen unüberwindbar scheint.

Doch in Neapel ist man über den Effekt des Werkes nicht einer Meinung. Zwar bezweifelt kaum ein ehrwürdiger Einwohner der Stadt, dass das Buch geschrieben und die Macht der Camorra in all ihrem Umfang ans Tageslicht gebracht werden musste, doch waren die **Kollateralschäden für die Stadt** dabei leider verheerend. Neapel hatte immer unter einem **schlechten Image** zu leiden, doch mit mehreren Millionen verkauften Exemplaren weltweit hat „Gomorrha" massiv zur Verschlechterung des Rufes beigetragen, was sich nicht zuletzt durch eine rückläufige Investitionsbereitschaft aus dem Ausland bemerkbar machte.

Trotz großen Potenzials hat Neapel es bis heute nicht geschafft, seine **touristische Infrastruktur** zu optimieren und die Stadt bildet für das Gros der Besucher immer noch eher ein Sprungbrett nach Pompeji oder an die Küsten von Amalfi und Sorrent bzw. nach Capri oder Ischia. Dafür kann man Roberto Saviano selbstverständlich keine Schuld geben und auch nicht dafür, dass er dem Verbrechen mutig die Stirn bietet – der Autor steht seit 2006 aufgrund von **Morddrohungen** unter **Polizeischutz.** Wer aber mit Neapolitanern aus der Tourismusbranche spricht, der stellt schnell fest, dass sich diese eine **differenziertere Berichterstattung** gewünscht hätten. Tatsächlich bekommt der ortsfremde Leser von Savianos Buch schnell den Eindruck, Neapel sei eine Art **Kriegsschauplatz**, wo überall der Tod lauert, eine **No-go-Area**, die von Drogendealern und Auftragskillern „regiert" wird. Wer näher hinschaut, stellt jedoch fest, dass die Berichte fast **ausschließlich in der Peripherie** wie Scampia, Secondigliano oder gar in der weiteren Umgebung wie Caserta, Casal di Principe oder Castel Volturno „spielen". So düster und erschreckend die Situation in Teilen dieser Gegenden sein mag, so herzlich wenig hat das mit dem **Alltag** in den touristisch sehenswerten Stadtteilen Neapels zu tun.

Paradoxerweise haben „Gomorrha" und die davon inspirierte gleichnamige Serie ihrerseits einen Tourismusboom ausgelöst. Doch Vorsicht, denn viele Schauplätze liegen in nicht sonderlich sicheren Gegenden. Wie auch immer, wenn die Stadt etwas wirklich braucht, dann ist es **gute Publicity.** Und mal ehrlich: Das eingangs erwähnte Zitat könnte auch die Stadt Neapel ihren kriminellen Peinigern an den Kopf werfen.

PRAKTISCHE REISETIPPS

005nl Abb.: dk

An- und Rückreise

Nach Neapel zu kommen, ist kein Problem! Die Stadt ist das zentrale Verkehrsdrehkreuz Süditaliens, hier laufen viele große Autobahnstränge zusammen und auch im Zugverkehr ist Neapel ein fast schon unumgänglicher Knotenpunkt.

Mit dem Auto

Bei Neapel treffen **drei große Autobahnen** aufeinander: die A1 in Richtung Rom und weiter nach Chiasso, die A3, die über Salerno in Richtung Reggio Calabria verläuft, und die A16 über Avellino in Richtung Benevent und Bari. All diese *autostrade* sind gebührenpflichtig und man erreicht sie über die um die Stadt verlaufende Ringautobahn A56 *(tangenziale).*

Mit dem Flugzeug

Austrian Airlines, Easyjet, Eurowings, ITA, Lufthansa, People's, Ryanair, Swiss und Wizz Air verbinden zahlreiche deutsche, österreichische und schweizerische Städte direkt oder indirekt mit Neapel.

Der **Aeroporto Internazionale di Napoli** (Capodichino) liegt etwa 8 km nordöstlich des Stadtzentrums und ist über die Autobahn A56 mit der Stadt verbunden. Am leichtesten und stressfreiesten erreicht man die Innenstadt mit dem **Alibus.** Dieser fährt von 6 bis 23.30 Uhr etwa alle 20 Minuten seitlich des Haupteingangs der Abflughalle ab (aus der Abflughalle heraus nach rechts, unweit des Kurzzeitparkplatzes, hinter dem Taxistand) und verbindet den Flughafen mit der Piazza Garibaldi und dem Molo Beverello (an dem die Fähren ablegen). Tickets gibt es an Kiosken, z. B. im Sunstore-Laden in der Check-in-Halle des Flughafens, oder direkt im Bus (5 €). Eine **Taxifahrt** vom Flughafen in die Stadt oder umgekehrt kostet ca. 30–45 €.

› **Aeroporto Internazionale di Napoli,** www.aeroportodinapoli.it
› **Alibus,** www.anm.it
› **Lufthansa,** www.lufthansa.com
› **Easyjet,** www.easyjet.com
› **Wizz Air,** https://wizzair.com
› **Ryanair,** www.ryanair.com
› **People's,** https://peoples.ch
› **Swiss,** www.swiss.com
› **ITA,** www.ita-airways.com
› **Austrian Airlines,** www.austrian.com
› **Eurowings,** www.eurowings.com

Mit dem Schiff

Neapel verfügt über viele nationale und internationale **Schiffsverbindungen.** Am **Molo Beverello** *(stazione marittima),* in der Nähe der Piazza Municipio 20, legen Fähren *(traghetti)* und Tragflügelboote *(aliscafi)* Richtung Capri, Ischia, Procida und nach Sorrent ab. Hier fahren auch die Fähren nach Sardinien, Sizilien, Tunesien usw. los und sogar die Kreuzfahrtschiffe legen hier an. Auch von **Mergellina** 31 fahren Tragflügelboote zu den Inseln und nach Sorrent. Aktuelle Fahrpläne findet man auf der Seite www.traghettilines.it.

Die wichtigsten **Fährgesellschaften** sind:

› **Alilauro,** www.alilauro.it
› **Caremar,** www.caremar.it

Vorseite: Auch kleine Parksünden werden in Bella Napoli streng geahndet

Die stilvollste Anreise nach Neapel ist immer noch die per Schiff

- **MedMar,** www.medmargroup.it
- **Metrò del Mare,** www.metròdelmare.it
- **NLG,** www.navlib.it
- **SNAV,** www.snav.it

Mit dem Zug

An Neapels **Hauptbahnhof**, der **Stazione Centrale FS** an der Piazza Garibaldi 24, halten alle nationalen und internationalen **Fernzüge.** Unter der *Stazione* erstreckt sich eine B-Ebene mit Geschäften und Restaurants, die auch die Unterführung zu den Bahnsteigen der südlich des Hauptbahnhofs gelegenen **Stazione Circumvesuviana** (Tel. 081 7722244, www.eavsrl.it) darstellt. Letzteren Bahnhof bedienen die **Nahverkehrszüge** zum Beispiel nach Herculaneum, Pompeji oder Sorrent. Wer aus Deutschland, Österreich oder der Schweiz anreist, muss in der Regel zumindest einmal – meist in Rom oder Mailand – umsteigen. Der Hauptbahnhof liegt knapp 1 km nordöstlich des *Centro Storico* und man hat von hier Metro- und Busanschluss, sodass es ein Leichtes ist, jedes erwünschte Ziel in Neapel und im Umland schnell und ohne Umstände zu erreichen.

- **Info und Buchung:** www.trenitalia.com, Fahrplaninfo Tel. 892021 (7–21 Uhr)

Autofahren

In Neapel selbst benötigt man weder ein eigenes Auto noch einen Mietwagen, höchstens wer das Umland und die Küste kennenlernen möchte, sollte auf ein Fahrzeug zurückgreifen.

Das **öffentliche Verkehrsnetz** der Stadt ist **verhältnismäßig gut** ausgebaut und leicht durchschaubar. Außerdem ist das Stadtzentrum übersichtlich und viele Ziele der Innen-

050nl Abb.: dk

stadt lassen sich auch mühelos zu Fuß erreichen. Hinzu kommt, dass **Autodiebstähle** häufig sind, wobei besonders ausländische Wagen gerne gestohlen werden. Es ist also mehr als empfehlenswert, das Fahrzeug nicht auf der Straße stehenzulassen (gilt auch tagsüber!), wodurch man auf relativ **teure Parkplätze und Parkhäuser** angewiesen ist. Die Kosten für selbige liegen zwischen 2 und 6 € pro Stunde, sind dafür aber im 24-Stunden-Takt günstiger (auch Onlinebuchungen sind in der Regel möglich). Hotelparkhäuser gibt es nur vereinzelt. Die Preise können variieren.

P190 [F4] **Garage del Mare,** Via Alcide de Gasperi 37, 150 Stellplätze, 2 €/Std., 30 €/Tag

P191 [D6] **Garage Domenico Morelli,** Via Domenico Morelli 40, 250 Stellplätze, 6 €/Std., 55 €/Tag

P192 [C4] **Garage Kerbaker,** Via Michele Kerbaker 16, 280 Stellplätze, 4,50 €/Std., 45 €/Tag

P193 [D6] **Gran Garage Incoronata,** Vico Santa Maria a Cappella Vecchia, 300 Stellplätze, 4 €/Std., 25 €/Tag

P194 [I2] **Gran Garage Victoria,** Corso Giuseppe Garibaldi 390, 300 Stellplätze, 2 €/Std., 18 €/Tag

P195 [E6] **Parking Plebiscito,** Via Lucia 38, 250 Stellplätze, 4 €/Std., 40 €/Tag

P196 [F5] **Parking Quick Porta di Massa,** Vico degli Scioppettieri 47, 200 Stellplätze, 3 €/Std., 30 €/Tag

P197 [E4] **Supergarage,** Via Shelley 11, 350 Stellplätze, 35 €/Tag

Pannennotruf

- **ADAC-Notruf:** Tel. +49 89 222222
- **Pannenhilfe:** Tel. 800116800
- **Automobile Club d'Italia (ACI),** www.aci.it, Tel. 06 49981

Man sollte generell Folgendes beachten: Autofahren kann in Neapel äußerst **nervenaufreibend** sein. So mancher Einheimische nimmt es mit den **roten Ampeln** und **Einbahnstraßen** nicht sonderlich genau, weshalb man immer und überall höchst aufmerksam fahren sollte!

Teile der Innenstadt – *area azzurra* genannt – sind Mo bis Fr von 7.30 bis 18.30 Uhr **nur für Anwohner** befahrbar und gerade am Sonntag werden viele Straßen komplett für **den Autoverkehr gesperrt.**

Die **Geschwindigkeitsbeschränkung** ist innerorts 50 km/h, außerorts 90 bis 110 km/h und auf der Autobahn 130 km/h. Das Mitführen einer **grünen Versicherungskarte** ist als Versicherungsnachweis und zur einfacheren Schadensabwicklung empfehlenswert. Eine Warnweste im Auto zu haben und sie bei Unfall oder Panne zu tragen, ist Pflicht.

Die Polizei führt einen gnadenlosen „Feldzug" gegen **Temposünder** und diese müssen mit saftigen Geldbußen rechnen. Bereits die Überschreitung des Tempolimits von bis zu 10 km/h kostet 100 €. Wer zwischen 10 und 40 km/h zu schnell ist, zahlt knapp 500 €. Schmerzliche 1000 € Strafe und der Entzug des Führerscheins für bis zu drei Monate drohen Fahrern, die Tempolimits um mehr als 40 km/h überschreiten. Die **Blutalkoholgrenze** in Italien liegt bei 0,5 ‰.

Mietwagen, Scooter und Vespa

Die internationalen **Autoverleiher** sind am Flughafen, am Hauptbahnhof und entlang dem Lungomare vertreten. Die wichtigsten sind:

- **Avis,** Tel. 081 7805790 (Flughafen), Tel. 081 287858 (Hauptbahnhof), www.avis.com

051nl Abb.: dk

- **Europcar,** Tel. 081 7805643 (Flughafen), www.europcar.it
- **Hertz,** Tel. 081 2311200 (Flughafen), Tel. 081 202860 (Hauptbahnhof), www.hertz.it
- **Maggiore-Budget,** Tel. 081 7803011 (Flughafen), Tel. 081 287858 (Hauptbahnhof), www.maggiore.it

Wer sich eine **Vespa** oder einen **Scooter** mieten möchte, sollte sich an **Vespa Sprint** wenden: Via Santa Lucia 36a, https://vespasprint.it, Tel. 081 7643452. Auch Helbiz und Reby verleihen E-Scooter (s. S. 121).

Barrierefreies Reisen

Durch ihre engen Gassen, den chaotischen Verkehr und teilweise steile Straßen ist Neapel für Reisende, die auf eine barrierefreie Infrastruktur angewiesen sind, **verhältnismäßig schlecht geeignet.** Nur wenige Buslinien und ausschließlich die Metrolinie 1 erlauben an einigen Stationen einen **barrierefreien Zutritt** und auch die Zugangswege sind nur selten entsprechend mit Aufzügen ausgestattet. Die Organisation **Italia Accessibile** hat detaillierte Informationen über Zugangsmöglichkeiten zu Institutionen, Museen, Kirchen, Gaststätten und Hotels (www.italiaccessibile.it). Für weitere Unterstützung kann man sich außerdem an den **AACST** (s. S. 114) und die Organisation **SuperAbile** wenden.

- **SuperAbile,** Tel. 800810810, www.superabile.it

Diplomatische Vertretungen

- **Botschaft der Bundesrepublik Deutschland,** Via San Martino della Battaglia 4, I-00185 Rom, Tel. 06 49213, https://italien.diplo.de
- •198 [I2] **Konsulat der Republik Österreich,** Via Ricciardi 10, Tel. 081 5534372. Das Konsulat stellt auch Not-Ausweisdokumente aus.
- **Botschaft der Schweizerischen Eidgenossenschaft,** Via Barnaba Oriani 61, I-00197 Rom, Tel. 06 809571, www.

Klassischer geht es kaum – mit der Vespa durch die Stadt

eda.admin.ch/countries/italy/de/home/vertretungen/botschaft.html. Es gibt auch eine rund um die Uhr zu erreichende Hotline bei Fragen zu konsularischen Angelegenheiten: Tel. 0041 800 247365.

Elektrizität

Die Netzspannung beträgt **220 Volt.** Meistens passen die üblichen **Flachstecker** (jedoch nur selten Schukostecker), aber es gibt auch immer wieder **dreipolige Steckdosen,** für die man einen **Adapter** braucht, der aber in den meisten Fällen an der Hotelrezeption zu haben ist. Wer sichergehen will, besorgt ihn sich am besten schon zu Hause im Elektrohandel.

Geldfragen

Auch in Italien zahlt man mit dem **Euro.** Das **Preisniveau** in Neapel liegt leicht unter dem deutscher, österreichischer oder Schweizer Städte. So kostet ein Espresso knapp 1 €, der Eintritt ins Museum selten mehr als 10 €, ein ordentliches Hotelzimmer gibt es ab 60 € und ein Abendessen zu zweit inklusive einer Flasche Wein bekommt man schon ab knapp 30 € (Bier ist allerdings meist wesentlich teurer als Wein).

Bankkarten (Maestro und/oder V-Pay) können gegen Gebühr an jedem Automaten mit Geheimnummer (PIN) zum Abheben von Bargeld eingesetzt werden, die Gebühren für das Abheben mit der **Kreditkarte** sind deutlich höher. Kreditkarten werden in den meisten Restaurants und Geschäften sowie an allen Tankstellen akzeptiert – jedoch Vorsicht, das „Klonen" von Karten kommt relativ häufig vor.

Informationsquellen

Infostellen in der Stadt

199 [E5] **AACST (1),** Via San Carlo 9, Tel. 0039 081 402394, www.inaples.it, Mo–Sa 9–17 sowie So 9–13 Uhr. Bei der Azienda Autonoma di Cura, Soggiorno e Turismo, der offiziellen Touristeninformation Neapels, gibt es neben Broschüren und vielen Informationen über Neapel und die Umgebung auch Hilfe bei der Unterkunftssuche, Literatur, Karten, Buchung von Führungen und Stadtrundfahrten und Ausflügen, Verkauf von Tickets und der campania artecard.

200 [F3] **AACST (2),** Piazza del Gesù, Tel. 0039 081 5512701, www.inaples.it, Mo–Sa 9–17 und So 9–13 Uhr

Neapel im Internet

- **www.azzurroservice.net:** Azzurro Service ist eine lokale Plattform, über die man Informationen zu kulturellen Events bekommt und auch gleich Karten kaufen kann.
- **www.inaples.it:** Die Website von AACST (ital./dt.) wirkt zwar etwas unübersichtlich, beinhaltet aber zahlreiche Links und Hinweise zu Attraktionen, Veranstaltungen, Hotels, Gastronomie, Shopping und vielen weiteren praktischen Tipps.
- **www.comune.napoli.it:** Die offizielle Website der Stadtverwaltung (ital./engl.) wartet mit Zahlen, News, Veranstaltungen etc. auf. V. a. die Rubriken *turismo* und *cultura* sind für Besucher recht aufschlussreich.
- **https://grandenapoli.it:** Diese Website macht sich zur Aufgabe, das Image Neapels zu verbessern und liefert in diesem Geiste exzellente Tipps und Infos, aber leider nur auf Italienisch.
- **www.napoli.com:** Infos, die über die normalen Touristenbedürfnisse weit hin-

Neapel preiswert

- Ein guter Tipp für Neapelbesucher, die mehrere Attraktionen besichtigen möchten, ist der Kauf einer **campania artecard Napoli.** Sie gilt für drei Tage, erlaubt freie Fahrt mit den öffentlichen Verkehrsmitteln und gewährt freien Eintritt oder Vergünstigungen in den meisten Museen. Sie kostet 21 €, ermäßigt (für 18- bis 25-Jährige) 12 € und ist z. B. bei AACST erhältlich (s. S. 114). Weitere Infos gibt es unter www.campaniartecard.it. Besucher unter 18 Jahren haben übrigens in den meisten Museen der Stadt freien Eintritt.
- In Bars und Cafés Neapels bekommt man auf Anfrage immer **Wasser zum Kaffee.** Wer also ab und an einen Stopp auf einen Espresso einlegt, kann gleichzeitig den Durst stillen.
- In Sachen **Shopping** ist Neapel schlichtweg die Wucht. So sind z. B. Schuhe wesentlich preisgünstiger und in der Regel besser verarbeitet als in Deutschland, Österreich oder der Schweiz und es lohnt sich auch, nach Kleidung zu schauen. Nochmal günstiger sind die vielen Märkte, allerdings lässt hier die Qualität manchmal zu wünschen übrig.

Italienische Schuhe sind weltberühmt, in Neapel sind sie vielerorts außerdem günstig!

052nl Abb.: dk

ausgehen. Neben Veranstaltungstipps erfährt man hier auch, was Neapel bewegt, die aktuelle Wetterlage sowie reichlich Hintergrundwissen zur Stadt (ital./deutsch).

Neapel-Apps

- **Gira Napoli:** Die App des öffentlichen Nahverkehrsanbieters bietet eine praktische Übersicht über die Metro- und Buslinien und zeigt die jeweils nächstgelegene Haltestelle an (auf Italienisch/Englisch/Deutsch, kostenlos für Android und iOS).
- **Helbiz:** Über die App kann man in der ganzen Stadt E-Roller ausleihen (App kostenlos für Android und iOS).
- **MyPompeii:** Die App zeigt in Echtzeit die Anzahl der Besucher an, die bei den einzelnen Ausgrabungsstätten Pompejis 35 anstehen (kostenlos für Android und iOS).
- **Reby:** Anbieter, der via App E-Roller vermietet (App kostenlos für Android und iOS).
- **Tutto Napoli:** Die App richtet sich an die Fans des SSC Napoli. Nur auf Italienisch verfügbar (kostenlos für Android und iOS).

Meine Literaturtipps

Zur Einstimmung oder als Begleitung auf der Reise bieten sich die folgenden Werke an:

- Luciano De Crescenzo, **Also sprach Bellavista – Neapel, Liebe und Freiheit** (1977). Äußerst humorvolle, aus dem Leben der Stadt gegriffene Anekdoten, die die Mentalität der Neapolitaner mit einem Augenzwinkern beleuchten.
- Curzio Malaparte, **Die Haut** (1991). Dieser gleichzeitig spannende und schockierende Roman in Reportageform spielt im Neapel der Nachkriegszeit. Der Autor rechnet auf drastisch-realistische Weise mit den Schrecken des Krieges ab.
- Maria Carmen Morese, **Gebrauchsanweisung für Neapel und die Amalfi-Küste** (2008). Eine brauchbare Einführung in die neapolitanische Lebensart und in allerlei Kuriositäten der Stadt.
- Dieter Richter, **Neapel – Biographie einer Stadt** (2005). Die vielleicht umfassendste Kulturgeschichte Neapels – zumindest auf Deutsch – von den vorchristlichen Anfängen bis heute. Trotz der vielen Informationen erfreulicherweise sehr „locker" geschrieben.
- Marino Niola, **Totem und Ragù – Neapolitanische Spaziergänge** (2000). Kein Wanderführer, sondern eine durchaus akademisch fundierte Liebeserklärung an Neapel. Anhand von Spaziergängen erfährt der Leser an bestimmten Orten so einiges über die Stadt und ihre eigensinnigen Bewohner.
- Elena Ferrante, **Meine geniale Freundin** (2011). Bei diesem ersten Werk des als „Neapolitanische Saga" bekannten Romanzyklus (die weiteren Titel sind „Die Geschichte eines neuen Namens", „Die Geschichte der getrennten Wege" und „Die Geschichte des verlorenen Kindes") erzählt die Autorin die mitreißenden Lebensgeschichten zweier Freundinnen, die in berüchtigten Vierteln Neapels aufwachsen und einen jeweils eigenen Weg einschlagen. Elena Ferrante ist übrigens das Pseudonym der bis heute nicht genauer bekannten Autorin.

Publikationen und Medien

Die beiden renommiertesten **Tageszeitungen** mit ausgiebigen Lokalteilen sind **Il Mattino** und La Repubblica Napoli. Sie verfügen über **Beilagen**, die auch für Touristen aufschlussreich sein können. Der Corriere della Sera hat zwar ebenfalls einen brauchbaren Lokalteil – genannt Corriere del Mezzogiorno –, doch steht er inhaltlich den beiden Erstgenannten etwas nach.

Die einzige für Touristen konzipierte Stadtzeitschrift (meist nur ein Faltblatt) ist das kostenlose, von der AACST (Azienda Autonoma di Cura, Soggiorno e Turismo) herausgegebene Magazin **„Qui Napoli"**, mit allem Wichtigen zu „wer, was, wann und wo". Man erhält es in den Tourismusinformationen der Stadt (s. S. 114), bereits direkt am Informationsschalter in der Ankunftshalle des Flughafens oder im Internet unter www.inaples.it/deu/quinapoli.htm.

Internet

Die meisten **Hotels** und **Bed and Breakfasts** bieten kostenloses **WLAN**, ebenso wie viele Cafés – z. B. an der Piazza Bellini ⓬. Zudem kann man an verschiedenen Orten in der Stadt täglich zwei Stunden freies WLAN nutzen (Infos: www.comune.napoli.it, Suche nach Napoli Cloud City).

LGBT+

Neapel verfügt nur über eine kleine und eher diskrete schwul-lesbische Szene. Zwar sind die meist streng katholischen Neapolitaner grundsätzlich tolerant gegenüber Homosexuellen, dennoch sollte man auf Zeichen der Zuneigung – vom Händchenhalten angefangen – in der Öffentlichkeit besser verzichten.

Ein wirkliches Epizentrum der schwul-lesbischen Szene gibt es nicht, vielmehr sind Lokale und Clubs mit vorrangig homosexuellem Publikum über die ganze Stadt verteilt. Die erste Anlaufstelle in Bezug auf Programm und Informationen sollten eine der folgenden Adressen oder das Café IntraMoenia (s. S. 83) sein:

- **201** [F3] **Arcigay,** Vico San Geronimo alle Monache 17, Tel. 081 5528815, www.arcigaynapoli.org. Eine Art Beratungsstelle vorrangig für Schwule, aber auch für Lesben, mit vielen Informationen zum homosexuellen Leben in der Stadt. Angeschlossen ist eine kleine Bar, in der speziell am Sonntag Events stattfinden.
- **202** [F2] **Bar Fiorillo,** Via Santa Maria di Costantinopoli 88, Tel. 081 459905. Das besonders unter Studenten beliebte Fiorillo ist zwar keine ausgesprochene Schwulen- und Lesbenbar, doch der Anteil an LGBT-Publikum ist überproportional groß!
- **203** [G3] **Cactus,** Via Leopoldo Rodinò 8, Tel. 3201994834, www.cactusnapoli.it. Angesagter Club mit Bar. Das Publikum gehört exklusiv zur Gay Community.

Medizinische Versorgung

Mit der **Europäischen Krankenversicherungskarte** (EHIC) können gesetzlich Krankenversicherte europaweit eine unmittelbar erforderliche medizinische Versorgung in Anspruch nehmen. Die Karte gilt in allen Ländern der EU und bei in Deutschland und Österreich gesetzlich Versicherten

ist sie kostenlos bei der Krankenkasse zu erhalten. Die Vorlage der Karte genügt, um bei Unfall oder akuter Erkrankung behandelt zu werden. Gegebenenfalls kann es aber von Vorteil sein, eine **Auslandsreisekrankenversicherung** abzuschließen, insbesondere hinsichtlich des Rücktransports im Krankheitsfall. **Schweizer** sollten sich im Vorfeld der Reise bei ihrer Krankenversicherung erkundigen, welche Leistungen in Italien erbracht werden.

Apotheken sind in Neapel zahlreich und leicht zu finden. Außerhalb der regulären Öffnungszeiten (meist Mo–Sa 8.30–13.30 und 16.30–20 Uhr) sind diensthabende Apotheken den Aushängen an den Apotheken – *farmacia di turno* – zu entnehmen oder über Tel. 892424 zu erfragen.

Bei kleineren Verletzungen kann man sich in die Erste-Hilfe-Station *(pronto soccorso)* eines **Krankenhauses** begeben. Diese und Notdienststellen machen vielleicht nicht immer den besten Eindruck, trotzdem ist die Qualität der Ärzte in der Regel gut.

Auf der Website der deutschen Botschaft (s. S. 113) ist eine mehrmals im Jahr aktualisierte **Liste deutschsprachiger Ärzte** in Neapel einsehbar.

+204 [ch] **Azienda Ospedaliera Antonio Cardarelli,** Via Antonio Cardarelli 9, Tel. 081 7471111

+205 [ch] **Azienda Ospedaliera D. Cotugno,** Via Quagliariello 54, Tel. 081 5908111

+206 [H2] **Ospedale Cardinale Ascalesi,** Via Egiziaca a Forcella 31, Tel. 081 2542111

+207 [B2] **Ospedale Santobono,** Via Mario Fiore 6, Tel. 081 2205111

Mit Kindern unterwegs

Für aktive Familien gibt es mehrere Möglichkeiten, eine unterhaltsame Zeit in Neapel zu verbringen, nicht zuletzt weil die Neapolitaner in der Regel geradezu vernarrt in die *bambini* sind. Mit etwas Vorbereitung, z. B. Erklärungen zur Geschichte, können Sehenswürdigkeiten wie die Festungen **Castel Nuovo** 21, **Castel dell'Ovo** 28 oder **Castel Sant'Elmo** 33 und speziell für Kinder ab 12 Jahren auch Ausgrabungen wie der **Complesso Monumentale San Lorenzo Maggiore** 5 oder die Unterwelt von **Napoli Sotterranea** (s. S. 19) äußerst interessant sein.

Für Kids besonders spannende Ziele sind außerdem die **Certosa di San Martino** 34 mit der Weihnachtskrippenausstellung, das **Centro Musei Scienze Naturali** (s. S. 68), die **Città della Scienza** (s. S. 68), das **Mu-**

054nl Abb.: dk

Auch für die Kleinen hat Napoli so einiges zu bieten – z. B. Ponyreiten im Parco di Capodimonte (s. S. 96)

seo Archeologico Nazionale (25), das **Museo del Mare** (s. S. 69), das **Museo di Fisica** (s. S. 70), das **Museo Nazionale Ferroviario di Pietrarsa** (s. S. 70) und die Unterwasserwelt in der **Stazione Zoologica** (s. S. 71).

Wem das alles zu wenig Sauerstoff beinhaltet, der findet im **Parco di Capodimonte** (s. S. 96), in der **Villa Comunale** (s. S. 97), entlang dem **Lungomare** (30) und im **Porticciolo di Mergellina** (31) auch draußen reichlich Amüsantes für Groß und Klein. Weitere, speziell auf Kinder ausgerichtete Attraktionen sind:

★**208** [bk] **Edenlandia,** Viale John Fitzgerald Kennedy 76, Tel. 081 5939106, www.edenlandia.it, Mo–Fr 16–22, Sa, So 10.30–1 Uhr, Eintritt frei (die einzelnen Attraktionen müssen vor Ort bezahlt werden). In diesem Freizeitpark im Westen der Stadt befinden sich zahlreiche Attraktionen für Kinder jeden Alters, inklusive Fahrgeschäften, Piratenschiff, Märchenschloss, Kartanlage, Geisterbahn, Riesenrad u. v. m.

209 [G2] **Ospedale delle Bambole,** Via San Biagio dei Librai 39, Tel. 081 18639797, www.ospedaledellebambole.com, Do–Mo 10.30–13.30, Mo, Do–Sa 15.30–18.30 Uhr, Eintritt 3 €. Ein Besuch in dieser ehemaligen Werkstatt für „kranke" und altersschwache Puppen ist einfach herrlich! Heute berichtet eine Ausstellung über die Skurilitäten des Puppenkrankenhauses. Kein Wunder, dass hier nicht nur das Kinderherz höher schlägt.

Notfälle

Verlust und Diebstahl

Diebstähle und Verlust von Wertgegenständen, Geld, Maestro-(EC-) und Kreditkarten sowie des Ausweises muss man bei der **Polizei** melden und protokollieren lassen.

210 [F4] **Questura Centrale,** Via Medina 75, Tel. 081 7941111

- **Ufficio Oggetti Rinvenuti** (allgemeines Fundbüro), Tel. 081 2395992
- **Fundbüro der Verkehrsbetriebe,** Tel. 800639525
- **Fundbüro des Flughafens,** Tel. 081 7896237 oder 081 7896765

Kartensperrung

Bei **Verlust der Debit-/Giro-, Kredit-** oder **SIM-Karte** gibt es für Kartensperrungen eine **deutsche Zentralnummer** (unbedingt vor der Reise klären, ob die eigene Bank beziehungsweise der jeweilige Mobilfunkanbieter diesem Notrufsystem angeschlossen ist). **Aber Achtung:** Mit der telefonischen Sperrung sind die Bezahlkarten zwar für die Bezahlung/Geldabhebung mit der PIN gesperrt, nicht jedoch für das **Lastschriftverfahren mit Unterschrift.** Man sollte daher auf jeden Fall den Verlust zusätzlich **bei der Polizei zur Anzeige bringen,** um gegebenenfalls auftretende Ansprüche zurückweisen zu können.

In **Österreich** und der **Schweiz** gibt es keine zentrale Sperrnummer, daher sollten sich Besitzer von in diesen Ländern ausgestellten Debit- oder Kreditkarten vor der Abreise bei ihrem Kreditinstitut über den zuständigen Sperrnotruf informieren.

Generell sollte man sich immer die **wichtigsten Daten** wie Kartennummer und Ausstellungsdatum **separat notieren,** da diese unter Umständen abgefragt werden.

- **Deutscher Sperrnotruf:** Tel. +49 116116 oder Tel. +49 3040504050
- **Weitere Infos:** www.kartensicherheit.de, www.sperr-notruf.de

Notrufnummern

- **Notruf:** 112
- **Polizei:** 113
- **Feuerwehr:** 115
- **ACI-Pannenhilfe:** 116
- **Rettung/Notarzt:** 118
- **See- und Küstennotruf:** 1530

Öffnungszeiten

Feste Ladenöffnungszeiten wie in Deutschland, Österreich oder der Schweiz gibt es in Italien nicht. Das Gros der **Geschäfte** hat Mo bis Sa von 9 bis 13 Uhr und im Winter außerdem von 15.30 bis 19.30 Uhr bzw. im Sommer von 16 bis 20 Uhr geöffnet. Doch gerade an der Via Toledo 14 und entlang der Via Chiaia gibt es viele Geschäfte, die auf die traditionelle **Mittagspause** verzichten und durchgehend geöffnet haben. Viele Läden bleiben auch **sonntags** für einige Stunden offen und das gilt auch für **Feiertage**, an denen die Neapolitaner scheinbar dem Shoppingwahn verfallen und sich in riesigen Trauben durch die Gassen von Chiaia schieben. **Geschlossen** bleiben einige Geschäfte höchstens in den Sommermonaten **Juli und August**, weil viele Einheimische die Stadt aufgrund der Hitze fluchtartig verlassen.

Auch die **Museen** haben keine einheitliche Regelung, öffnen aber erfahrungsgemäß Mi bis Mo von 9 bis 19 Uhr, Di ist oft Ruhetag. **Kirchen** sind meist Mo bis Sa von 7 bis 12 und 15 bis 19 Uhr geöffnet, So nur vormittags. **Banken** haben Mo bis Fr von 8.30 bis 13.30 Uhr und auch nachmittags meist 1 bis 2 Stunden auf und **Postämter** Mo bis Fr von 8.30 bis 13.30 Uhr. **Hauptpostämter** haben bis 19 Uhr und Sa bis 11.45 Uhr geöffnet.

Post

In Italien kosten **Standardbriefe** bis 20 g und **Postkarten** innerhalb Europas 1,25 € und weltweit 3,10 € **Porto.** Im **Inland** werden für Standardbriefe und Postkarten 1,20 € fällig. Daneben wird eine schnellere Versandart namens *posta prioritaria* angeboten, bei der die Lieferungen in der EU innerhalb von drei Tagen ankommen, was aber etwas teurer wird. Die roten **Briefkästen** haben einen Schlitz für **Stadtpost** *(per la città)* und einen für **andere Orte** *(tutte le altre destinazioni).* **Briefmarken** *(francobolli)* erhält man auch in den meisten Tabakläden *(tabaccaio),* die außen mit einem weißen „T" auf schwarzem Grund gekennzeichnet sind.

✉**211** [F4] **Hauptpost Neapel,** Palazzo Centrale della Posta, Piazza Giacomo Matteotti 2

✉**212** [F2] **Postfiliale Altstadt,** Piazza Luigi Miraglia

✉**213** [G4] **Postfiliale Hafen,** Via Marchese Campodisola 13

✉**214** [E5] **Postfiliale Innenstadt,** Galleria Umberto I.

- Mehr Informationen gibt es unter www.poste.it.

Radfahren

Neapel ist leider alles andere als eine radfreundliche Stadt! Durch die vielen **Steigungen**, den teils äußerst **chaotischen Verkehr** und nicht zuletzt durch die häufigen **Diebstähle** von Drahteseln macht das Radeln hier nicht wirklich Spaß. Ausnahmen bieten höchstens der Parco di Capodimonte (s. S. 96) oder der in Teilen verkehrsberuhigte Lungomare 30 und die angrenzende Villa Comunale.

Die beiden bekanntesten Verleiher von Fahrrädern sind:

- **S215** [D6] **Napoli Bike,** Riviera di Chiaia 201, https://napolibike.com, Tel. 081 411934
- **S216** [bj] **Napoli Pedala,** Mostra d'Oltremare, Tel. 3382723767, www.napolipedala.it. Neben Mieträdern werden hier auch Radtouren angeboten.

Auch **E-Roller** stehen in Neapel zur Verfügung. Sie sind in der ganzen Stadt verteilt und man kann sie mithilfe der entsprechenden App anmieten (s. S. 116). Die beiden Betreiber sind Helbiz (https://helbiz.com) und Reby (https://help.reby.co).

Sicherheit

Neapel eilt sein schlechter Ruf als Hochburg des **Organisierten Verbrechens** voraus und deshalb überlegen manche Touristen immer noch zweimal, bevor sie die Stadt als Reiseziel in Betracht ziehen. Man muss an dieser Stelle aber klar sagen, dass **interne Mafiafehden,** die sich in Form von bewaffneten Auseinandersetzungen äußern, mit dem **Alltag in den touristisch sehenswerten Stadtteilen** Neapels wenig zu tun haben. Wenn Gewalttaten stattfinden, dann kommen sie fast ausschließlich in einschlägigen Gegenden in der **Peripherie** wie Scampia, Secondigliano oder gar in der weiteren Umgebung wie Caserta, Casal di Principe oder Castel Volturno vor.

Zwar ist Neapel immer noch das Zentrum der **Camorra** (s. S. 106) – der lokalen Version der Mafia – und ihre Clans haben auf verschiedene Stadtviertel enormen Einfluss, dennoch ist es äußerst unwahrscheinlich, dass man als Außenstehender davon etwas merkt oder gar hautnah damit konfrontiert wird. Viertel wie die **Quartieri Spagnoli** (s. S. 30), **Forcella** (s. S. 45) oder **Sanità** (s. S. 46) sollte man abends mit Vorsicht genießen, tagsüber genügen hier aber wie auch in anderen Städten ein wenig gesunder Menschenverstand und **die üblichen Vorsichtsmaßnahmen.**

Wer etwas genauer hinsieht, stellt nämlich schnell fest, dass die Stadt **nicht gefährlicher als jede andere europäische Metropole** ist. Am häufigsten taucht in der Kriminalstatistik der **Taschendiebstahl** auf, doch liegt Neapel selbst hier hinter Städten wie Mailand, Florenz oder Pisa. Dennoch: Gerade in den Sommermonaten haben es die Diebe vor allem auf Touristen abgesehen. Lassen Sie Ihre Tasche nie aus den Augen und tragen Sie sie immer auf der **von der Straße abgewandten Seite,** damit ein vorbeifahrender Motorradfahrer sie Ihnen nicht entreißen kann. Die Geldbörse gehört in die innere Jackentasche, der Rucksack auf Märkten oder in öffentlichen Transportmitteln auf den Bauch und alle zu entbehrenden Wertgegenstände – wie wertvoller Schmuck oder größere Geldbeträge – sollten **im Hotelsafe bleiben.** Gerne werden auch Autos aufgebrochen, daher sollte man nichts sichtbar im Auto liegen lassen. Am besten lässt man auch das Handschuhfach offen, damit zu erkennen ist, dass es hier nichts zu holen gibt.

Wenn man bestohlen wurde, sollte man in jedem Fall auf der nächsten Polizeistation Anzeige erstatten (s. S. 119), denn das ist wichtig für Ansprüche gegenüber **Versicherungen** (z. B. Reisegepäckversicherung) usw.

Sightseeingtouren

Stadttouren

Diese Touren sind in der Regel praktisch, da alle wichtigen Sehenswürdigkeiten in einem Rutsch „abgeklappert“ werden, wirklich persönlich sind sie aber nicht unbedingt, so werden z. B. die Erklärungen zu den einzelnen Attraktionen häufig als vorgefertigte Audiodatei über Kopfhörer eingespielt.

› **CitySightseeing Napoli,** www.city-sightseeing.it/naples, Tel. 081 5517279. Die roten, oben offenen Doppeldeckerbusse sieht man überall in Neapel. CitySightseeing bietet drei verschiedene Touren durch die Stadt und entlang der Bucht an (auch auf Deutsch per Kopfhörer), wobei das Ticket (Normalpreis 24 €, ermäßigt 12 €) 24 Stunden gültig ist und im „Hop On Hop Off“-Verfahren auf allen Linien benutzt werden kann. Die Busse fahren an der Piazza Municipio vor dem Castel Nuovo 21 ab.

› **GATA,** www.gataguide.com, Tel. 081 8615661. GATA ist die Kooperative der Stadtführer der Region Kampanien. Die vier angebotenen Touren in Neapel (auch weitere in der Umgebung) sind gut strukturiert, allerdings wenig kreativ und verhältnismäßig teuer (ab 95 €), dafür aber auch auf Deutsch buchbar.

MEIN TIPP

Napoli auf der Vespa

Die **Firma Napoli in Vespa** bietet diverse Touren durch die Stadt auf einer Vespa an, darunter eine klassische Tour durch die Altstadt, eine Panorama-Tour und sogar eine Gourmet-Runde. Der Preis beginnt ab 130 € für durchschnittlich vier Stunden. Informationen erhält man unter www.napolinvespa.it oder telefonisch unter der Handynummer 340 2670992.

› **Il Vagabondo,** www.ilvagabondo.org, Tel. 3206899346. Äußerst spannende Stadtbegehungen z. B. durch die Quartieri Spagnoli, Sanità oder zum Motto Pizza etc. Im Mittelpunkt stehen häufig urbane Probleme wie Ökologie, Raubbau oder Ähnliches (nur auf Italienisch).

› **Legambiente,** http://legambiente.campania.it, Tel. 081 261890. Eine Reihe themenbezogener Stadtführungen z. B. durch weniger bekannte Stadtviertel wie Sanità o. Ä. Das Programm (nur auf Italienisch) richtet sich eigentlich an Einheimische, ist aber auch für Besucher äußerst interessant. Definitiv ein Blick über den Touri-Tellerrand!

•**217** [E5] **Napolijamm,** Piazza Trieste e Trento 48, www.napolijamm.it, Tel. 3939164547. Der Verband der Fremdenführer Napolijamm gehört zum offiziellen Fremdenverkehrsamt der Stadt. Verschiedene geführte Spaziergänge mit den unterschiedlichsten Themen werden angeboten (ital./engl.), darunter auch die klassische „rote“ Einführungstour durch die Altstadt. Die Preise der Touren beginnen bei 20 €, exklusive eventueller Eintrittspreise.

› **Tramvia Napoli,** www.beduccigroup.it, Tel. 081 7772347 oder 081 7776825. In kleinen Bussen, die wie alte Straßenbahnen aussehen, bietet Tramvia Napoli Stadttouren ab 15 € an, die die Hauptsehenswürdigkeiten „abklappern“. Daneben gibt es zahlreiche Touren in die Umgebung, darunter auf den Vesuv, nach Pompeji oder an die Amalfi-Küste. Gutes Preis-Leistungs-Verhältnis. Abfahrt am Molo Beverello [F5] oder auf der Piazza del Gesù Nuovo 10.

Touren im Umland

Das Umland der Stadt verfügt über eine Vielzahl an attraktiven Sehenswürdigkeiten, die problemlos als Halbtags- oder Ganztagsausflug von

Neapel aus besichtigt werden können. Hierzu gehören die Phlegräischen Felder, ein Gebiet mit vulkanischer Aktivität am westlichen Stadtrand, die v.a wegen der Fumarolen und durch ihre Thermalquellen bekannt sind (s. S. 64), der Vesuv selbst 36 sowie die grandiosen Ausgrabungen aus römischer Zeit in Herculaneum und natürlich in Pompeji 35.

- **Gea Guide Turistiche,** Tel. 340 2709553 oder 335 1002383, www.geaguide.com. Gea ist eine Genossenschaft von Fremdenführern und Reiseleitern der Region Kampanien, die Touren und Führungen im ganzen Umland anbieten, darunter auch eher weniger besuchte Ziele wie Paestum, Kyme (Cuma) und das Königsschloß von Caserta. Preise je nach Ziel und Gruppe unterschiedlich.
- **Napoli da Mare,** Tel. 199600700, www.metròdelmare.it. Diese von der Fährgesellschaft Metrò del Mare organisierten Rundfahrten per Schiff führen an diverse Orte in der Bucht von Neapel – Kostenpunkt ab 20 € p. P.
- **PNS,** www.projectnapoliservice.it, Tel. 081 2488315. PNS organisiert ausgesprochen gut und individuell geführte Touren durch Neapel, nach Pompeji, auf den Vesuv, durch die Phlegräischen Felder, aber auch nach Capri, Sorrent oder Amalfi. Preise ab ca. 60 € p. P. inklusive Transport, Mittagessen und Eintrittsticket.
- **Scampia Trip Tour,** Tel. 3510648173, www.scampiatriptour.it. Seit dem großen Erfolg der TV-Serie Gomorrha (2014–2021) besteht ein großes Interesse von Seiten der Fans, die Originaldrehorte im Vorort Scampia – darunter die *Vele* genannten Wohnblocks – zu besichtigen. Ein empfehlenswerter Organisator dieser Touren ist Scampia Trip Tour, da hier auch soziale Projekte in diesem Brennpunkt gezeigt werden.

Mein Tipp

Raus aufs Wasser!

Wem das Vergnügen, sich ein Motorboot, einen Katamaran, ein Segelboot (auch mit Skipper) oder gar eine Jacht zu mieten, nicht zu teuer ist, der ist bei diesen Adressen richtig:

- •218 [F6] **Mediterranea Charter Sud,** Viale Degli Oleandri 14b, www.mediterraneachartersud.com, Tel. 3358255155
- **Napoli da Mare,** Tel. 081 8813396, www.napolidamare.it
- •219 [B6] **Vela Charter S.r.l.,** Via Rione Sirignano 7, Tel. 081 8721927, www.velacharter.it

Kayak-Touren entlang der Küste von Posillipo bietet außerdem:

- •220 [bl] **Kayak Napoli,** Via Posillipo 68, Tel. 331 9874271 oder 338 8761157, www.kayaknapoli.com

Meeresfeeling gefällig? An der Küste Neapels kein Problem!

092nl Abb.: dk

Sprache

Nicht alle Einwohner Neapels beherrschen eine Fremdsprache und wenn, dann am ehesten **Englisch.** Sie sind aber den Umgang mit Fremden gewohnt und entwickeln eine erstaunliche **Kreativität,** wenn es darum geht, ihr Gegenüber zu verstehen. Im Anhang dieses Buches befindet sich eine Sprachhilfe mit den wichtigsten italienischen Begriffen und Redewendungen (s. S. 132).

Doch auch wer gut **Italienisch** spricht, wird anfangs seine Schwierigkeiten mit dem **neapolitanischen Dialekt** haben! Wie auch das Hochitalienische, hat sich das Neapolitanische aus dem Vulgärlatein entwickelt, weist jedoch deutliche grammatikalische Unterschiede zu diesem auf und hat eine viel stärkere Beeinflussung durch das Griechische, das Spanische, das Französische, aber auch das Arabische erfahren.

Neapolitanisch ist mit schätzungsweise 8 bis 10 Millionen Sprechern nicht nur der meistgesprochene „Dialekt" des Italienischen, sondern auch einer der wenigen, die auf eine lange Tradition in Literatur, Musik, Theater und Film zurückblicken können.

Die augenscheinlichsten Differenzen zwischen Italienisch und Neapolitanisch sind der Gebrauch von **voi** statt **Lei** für die höfliche Anrede, **mo'** statt **adesso** („jetzt"), **pure** statt **anche** („auch") und **uè** statt **ciao** oder **salve** („Hallo"/„Grüß dich"). Unter jungen Leuten redet man sich häufig mit **guagliò** statt **ragazza** bzw. **ragazzo** („Mädchen"/„Junge") an. Wer sich ausführlicher mit dem örtlichen Dialekt beschäftigen möchte, dem sei der praxisnahe **Sprachführer** „Neapolitanisch – Wort für Wort" aus dem Reise Know-How Verlag empfohlen.

Telefonieren

Neapels Vorwahl lautet **081** und sie muss auch innerhalb der Stadt immer mitgewählt werden. Die **Landesvorwahl** von Italien lautet **0039.** Die darauffolgende Null der Ortsnummer muss anders als in Deutschland auch bei Gesprächen aus dem Ausland stets mitgewählt werden.

Seit 2017 gibt es in der EU keine **Roaminggebühren** mehr. Damit ist das Telefonieren und Surfen mit dem Handy im EU-Ausland so günstig wie zu Hause – es sei denn, man nutzt das Handy im Ausland über einen längeren Zeitraum hinweg, dann können je nach Anbieter Nutzungsobergrenzen gelten.

Landesvorwahlen

- **Deutschland:** 0049
- **Österreich:** 0043
- **Schweiz:** 0041
- **Italien:** 0039

Unterkunft

Allgemeine Situation

Das Thema Unterkunft stellt in Neapel keine größeren Probleme dar. Die Stadt verfügt über knapp 200 Hotels aller Kategorien und ist, im Vergleich zu anderen europäischen Großstädten auch nicht übertrieben kostspielig. Die **Hotels** in Santa Lucia, Chiaia und auf dem Vomero sind normalerweise teurer als die in der Altstadt oder außerhalb des Zentrums.

Eine **Buchung im Voraus** empfiehlt sich das ganze Jahr über, speziell aber in den Frühlings- und Sommermonaten sowie im Advent, über

Silvester und generell an Wochenenden. Die Hochsaison ist um Ostern und Pfingsten, von Juni bis August sowie im Dezember, dann werden die Zimmer oft knapp.

Die Stadtverwaltung erhebt eine **Ortstaxe/Bettensteuer** in Höhe von 1,50 bis 5 € (je nach Kategorie des Hotels) pro Person und Nacht. In der Regel wird diese gesondert ausgeschrieben und nicht in den Übernachtungspreis inkludiert.

Preiskategorien

Da Preise häufig saisonal variieren, können die nachfolgenden Preiskategorien nur als Anhaltspunkt dienen (pro Doppelzimmer und Nacht inkl. Frühstück).

€	unter 100 €
€€	100–150 €
€€€	über 150 €

Hotels und Pensionen

221 [I2] **B&B Hotel Napoli** €€-€€€, Piazza Garibaldi 32, www.hotel-bb.com, Tel. 081 283122. **Ideal für Tagesausflügler:** Das B&B Hotel an der belebten Piazza Garibaldi mag zwar von der Lage nicht das einladendste Hotel der Stadt sein, die 93 komfortabel eingerichteten Zimmer sind aber definitiv ihr Geld wert. Wer zentral wohnen möchte und Tagesausflüge in die Umgebung plant, der wird das B&B als Standort nicht bereuen.

222 [D6] **Cappella Vecchia 11** €, Vico Santa Maria a Cappella Vecchia 11, www.cappellavecchia11.it, Tel. 081 2405117. **Persönlicher geht es kaum:** Ein wirklich angenehmes kleines Familienhotel mit gerade sechs Zimmern inmitten des Zentrums von Chiaia. Für die tolle Lage ausgesprochen günstig und die Betreiber sind extrem hilfsbereit und haben genügend Tipps parat.

223 [G2] **Caravaggio Hotel** €€-€€€, Piazza Cardinale Sisto Riario Sforza 157, www.caravaggiohotel.it, Tel. 081 447096. **Nobel und mittendrin:** Dieses kleine Designhotel mit nur 16 Zimmern befindet sich in einem Adelspalast aus dem 17. Jahrhundert an der kleinen Piazza Cardinale Sisto Riaro Sforza, also mitten im brodelnden Herzen des historischen Napoli. Die Zimmer und Suiten – letztere haben Blick auf die Piazza – sind aber alle ruhig und gemütlich, wenn auch teilweise etwas klein. Auch eine sympathische Bar gehört zum Haus.

224 [ei] **Casa del Monacone** €€, Via Sanità 124, www.casadelmonacone.it/en, Tel. 081 7443714. **Weg vom Trubel, ab ins Abenteuer:** Dieses in einem ehemaligen Konvent untergebrachte Stadthotel befindet sich im volkstümlichen und eigentlich nicht besonders touristischen Viertel Sanità. Das Team ist sehr zuvorkommend und die Zimmer lassen für diese Preiskategorie wahrlich keine Wünsche offen.

225 [A6] **Casa Mira Napoli** €, Via Giordano Bruno 169, Tel. 081 7691556, www.casamiranapoli.it. **Hoch oben und doch nicht weit vom Meer:** In Mergellina unweit des Jachthafen gelegen ist dieses kleine Bed and Breakfast zwar nicht das zentralste, dafür aber eines der gemütlichsten (optimales Preis-Leistungs-Verhältnis). Das Familienunternehmen befindet sich im 10. Stock eines Hochhauses (bei Ankunft 10 Cent für den Lift bereithalten) und verfügt nur über wenige Zimmer, allerdings alle mit wunderbarem Blick.

226 [E5] **Chiaja Hotel de Charme** €€-€€€, Via Chiaia 216, Tel. 081 415555, www.chiaiahotel.com. **Ruhig und romantisch:** „Kleine, aber feine Luxusoase" beschreibt dieses geschmackvoll gestaltete Hotel wohl am allerbesten. Bei den 27

Zimmern stehen Charme, Eleganz und Individualität im Vordergrund und durch die schöne Lage im beschaulichen Chiaia kommen hier auch stressgeplagte Besucher sicherlich zur Ruhe.

227 [F2] **Costantinopoli 104** €€€, Via Santa Maria di Costantinopoli 104, Tel. 081 5571035, www.costantinopoli104.it. **Wohnen mit Stil:** Mitten im schicken Stadtzentrum befindet sich dieses geschmackvoll im viktorianischen Stil eingerichtete Hotel in einer ehemaligen Patriziervilla. Die 19 Zimmer sind allesamt individuell eingerichtet und bieten ein wahrhaft erstaunliches Ambiente.

228 [F3] **Decumani Hotel de Charme** €€€, Via San Giovanni Maggiore Pignatelli 15, Tel. 081 5518188, www.decumani.com. **Individuell und luxuriös:** In einem bereits im 17. Jahrhundert erbauten Palazzo im Herzen der historischen Altstadt befindlich, bietet das Decumani Hotel de Charme Komfort der Meisterklasse. Mit nur 19 Zimmern eine der kostspieligeren, gleichwohl aber auch persönlichsten Alternativen unter den „edlen" Hotels der Stadt.

229 [G2] **Diletto a Napoli** €€, Via Sedil Capuano 16, Tel. 081 0330977, www.dilettoanapoli.it. **Super Lage:** Als familiär und gemütlich kann man dieses in einer Stadtvilla im *Centro Storico* gelegene Bed and Breakfast wohl am allerbesten bezeichnen. Die Zimmer sind alle individuell, ja direkt künstlerisch konzipiert, geräumig und haben durchweg hohe Decken. Gutes Preis-Leistungs-Verhältnis.

230 [E7] **Excelsior** €€€, Via Partenope 48, Tel. 081 7640111, www.eurostarshotels.it/eurostars-hotel-excelsior.html. **Luxuriöses Traditionshaus in Santa Lucia:** Hier haben bereits zahlreiche Monarchen und Staatschefs genächtigt. Das Haus ist definitiv eine der schönsten 5-Sterne-Adressen der Stadt und gehört zur Eurostars Hotelkette. Mit den 130 äußerst komfortabel gestalteten Zimmern und Suiten und seiner Lage direkt am Meer stellt es ein ideales, wenn auch teures Refugium für einen Neapelbesuch dar.

231 [B5] **Grand Hotel Parker's** €€€, Corso Vittorio Emanuele 135, Tel. 081 7612474, www.grandhotelparkers.it. **Klassisch und edel:** Mit 74 Zimmern und 9 Suiten stellt das Luxushotel seit Mitte des 19. Jahrhunderts eine beliebte Adresse betuchter Reisender aus aller Welt dar. 1889 ließ sich der britische Meeresbiologe George Parker das ehemalige, pleite gegangene Hotel Tramonto Beaurivage kurzerhand „auf die Zimmerrechnung setzen", nachdem er vom Vollstreckungsbeamten aus seinem Mittagsschlaf geweckt wurde. Neben der geschmackvollen Einrichtung überzeugt das Parker's durch sein reiches Verwöhnangebot von Entspannung über Wellness bis Fitness und sein hervorragendes Restaurant im 6. Stock, von wo man einen traumhaften Ausblick genießt.

232 [E2] **Hotel Correra 241** €-€€, Via Francesco Correra 241, Tel. 081 19562842, www.correra.it. **Für Familien und Designfans:** Eines der ersten Art-Hotels Süditaliens, das weit mehr „kann", als man seinen niedrigen Preisen zutrauen würde. In den 12 stilvoll dekorierten Zimmern soll sich der Gast nämlich wie zu Hause fühlen und nicht nur sein Gepäck abstellen – so die Betreiber. Ausgesprochen gutes Frühstück auf der Terrasse.

233 [F2] **Hotel Piazza Bellini** €€, Via Santa Maria di Costantinopoli 101, Tel. 081 451732, www.hotelpiazzabellini.com. **Reichhaltiges Frühstück:** sympathisches, modernes Hotel in einem Palazzo aus dem 16. Jahrhundert in unmittelbarer Nähe der netten Piazza Bellini. Eine der persönlichsten Adressen – und das

nur wenige Schritte von praktisch allen Hauptsehenswürdigkeiten der Stadt entfernt.

234 [E5] **MH Design Hotel** €€, Via Chiaia 238, www.mhhotel.it, Tel. 081 1840575. **Cool und schick:** In diesem Boutiquehotel mit seinen 20 Zimmern werden sich vor allem jüngere Leute wohlfühlen. Der Komfort der Zimmer (Klimaanlage ist Standard) ist für die Preisklasse vorbildlich. Und selbst in die Innenstadt hat man es von hier im Zentrum Chiaias nicht weit.

235 [E5] **Nardones 48** €, Via Nardones 48, Tel. 3388818998 oder 0812451446, www.nardones48.it. **Individuell und ruhig:** Gemütlich, schlicht und einfach geht es in diesen Apartments in den Quartieri Spagnoli zu. Alle Apartments haben Bad, Schlaf- und Wohnzimmer sowie eine Küchennische, liegen jedoch im 5. Stock (kein Lift).

236 [C5] **Pinto Storey** €€, Via Giuseppe Martucci 72, Tel. 081 681260, www.pintostorey.it. **Familienfreundlich:** Dieses charmante Hotel im britischen Landhausstil – selbst das Frühstücksbüfett ist insulanisch inspiriert – befindet sich im 4. und 5. Stockwerk eines wunderschönen Jugendstilgebäudes im Herzen von Chiaia. Das Pinto Storey unterscheidet sich von der Konkurrenz durch die herzliche, geradezu familiäre Atmosphäre. Von einigen der sechzehn Zimmer hat man einen Blick aufs Meer.

237 [C5] **PM3 b&b** €-€€, Via del Parco Margherita 3, Tel. 3355282667. **Gute Verkehrsanbindung:** In der Nähe der abends lebendigen Piazza Amedeo liegt dieses trendig-junge Hotel mit nur wenigen Zimmern. Das außergewöhnlich stylische Interieur richtet sich an ein hippes Publikum, doch im PM3 dürfte sich jeder wohlfühlen.

238 [E4] **San Francesco al Monte** €€€, Corso Vittorio Emanuele 328, Tel. 081 4239111, https://sanfrancescoalmonte.it. **Ausgefallen und extravagant:** San Francesco al Monte ist eines der außerordentlichsten Hotels der Stadt. Auf dem Vomero gelegen, befindet sich das Hotel in einem ehemaligen Kloster aus dem 16. Jahrhundert, von dem noch reichlich Bausubstanz und zahlreiche Fresken erhalten sind. Die 45 Zimmer und Suiten sind im Barockstil ausgestattet und haben in der Regel einen Weitblick über die Bucht. Mehr als sehenswert sind außerdem der hoteleigene Spa-Bereich und der Pool auf der teilweise von wildem Wein überwucherten Sonnenterrasse im obersten Stock.

239 [F4] **Sirena Partenope** €, Via Melisurgo 15, Tel. 3341575659. **Preiswert in familiärer Atmosphäre:** Unweit der Piazza Municipio und des Fährhafens befindet sich dieses Bed & Breakfast im sechsten Stock eines unscheinbaren Wohnhauses. Die fünf Zimmer sind groß und hell und bieten angenehmen Komfort für wenig Geld.

240 [B3] **Weekend a Napoli** €€-€€€, Via Enrico Alvino 157, Tel. 081 5781010, www.weekendanapoli.com. **Verwöhnung pur:** Das Motto des Weekend a Napoli

Buchungsportale

Neben Buchungsportalen für **Hotels** (z. B. www.booking.com, www.hrs.de oder www.trivago.de) bzw. für **Hostels** (z. B. www.hostelworld.com) gibt es auch Anbieter, bei denen man **Privatunterkünfte** buchen kann. Portale wie www.airbnb.de, www.wimdu.de oder www.9flats.com vermitteln Wohnungen, Zimmer oder auch nur einen Schlafplatz auf einer Couch. Diese oft recht günstigen Übernachtungsmöglichkeiten sind nicht unumstritten, weil manchmal normale Wohnungen gewerblich missbraucht werden. Einige Städte greifen deshalb regulierend ein.

ist „Luxusurlaub zum Verwöhnen mit bestem Service". In der Tat ist dieses angenehme Hotel auf dem Vomero eines der besten seiner Kategorie und überzeugt durch zeitgemäße Ausstattung, Komfort, Eleganz und Gastfreundlichkeit.

Hostels und Jugendherbergen

241 Fabric Hostel & Club, Via Bellucci Sessa 22, Tel. 081 7765874, www.fabrichostel.com. In einer ehemaligen Textilfabrik im 12 km von Neapel entfernten Portici (Nahverkehrszüge verbinden die Stadt mit der Stazione Circumvesuviana in Neapel) liegt dieses Hostel mit 7 Zweibett- und 13 Mehrbettzimmern (ab 15 €) sowie einem eigenen Club und einem sogenannten *music lab* für Bands. Ideal für junge Leute, die Anschluss suchen.

242 [D2] **La Controra Flashpackers Hostel,** Piazzetta Trinità alla Cesarea 231, Tel. 081 5494014, www.lacontrora.com. Eines der beliebtesten Hostels der Stadt, unweit der Metrostation Salvator Rosa. In erster Linie praktisch und günstig. Es gibt Zwei-, Drei- und Mehrbettzimmer in verschiedenen Ausführungen, die preislich ab 15 € liegen.

243 [cj] **Ostello Mergellina,** Salita Della Grotta 23, Tel. 081 7612346, www.aighostels.com. Ganz im Westen Mergellinas liegt Neapels offizielle Jugendherberge mit Zimmer- (von 2-Bett bis 6-Bett) und Preiskategorien (ab 15 €). Aufenthaltsraum mit Sat-TV, Chill-out-Lounge mit kostenpflichtigem Internetzugang, Waschmaschinen und Trockner. Reservierung notwendig!

▷ *Die Stadt verfügt über ein bestens ausgebautes Busliniennetz*

Verkehrsmittel

Öffentlicher Nahverkehr

Neapel verfügt über ein gutes, wenn auch verbesserungsfähiges **Nahverkehrsnetz.** Praktisch jeden Ort der Stadt erreicht man mit den „Öffentlichen" und selten hat man mehr als 500 m bis zur nächsten Station oder Haltestelle zu gehen. Es gibt zwei Straßenbahn-, drei Metro-, vier Schienenseilbahn- *(Funicolare)* sowie zahlreiche Buslinien, die von **ANM** und **Metronapoli** betrieben werden. Ein Ticket kann für alle öffentlichen Verkehrsmittel verwendet werden und erlaubt auch das Umsteigen.

Die **Fahrkarten** können vor Fahrtantritt an Automaten, in Tabakläden *(tabaccaio)* oder an offiziellen Vorverkaufsstellen gekauft werden, müssen jedoch bei Fahrtbeginn durch Abstempeln entwertet werden. Eine Einzelfahrt kostet 1,20 €, ein Ticket mit 90 Minuten Gültigkeit 1,70 €. Daneben gibt es Tagestickets namens *giornaliero* (5,10 € für alle Linien, *integrato* genannt, oder 4,20 €, falls man auf die U-Bahn-Linie 2 verzichten kann), ein Wochenticket *(abbonamento sette giorni)* für 16 € (ohne U-Bahn-Linie 2 für 12,50 €) und die mind. 72 Stunden gültige **campania artecard Napoli** (21 €, ermäßigt 12 €, www.campaniartecard.it), die auch viele Vergünstigungen in Museen und anderen Sehenswürdigkeiten beinhaltet.

Das **Metronetz** ist verständlich und übersichtlich gestaltet und viele Sehenswürdigkeiten außerhalb der Innenstadt können problemlos unterirdisch erreicht werden. Die Metrolinien verkehren täglich 6–22.30 Uhr.

Zahlreiche **Buslinien** verbinden praktisch alle in diesem Buch be-

058nl Abb.: dk

schriebenen Ziele miteinander, doch muss man in Neapel etwas Geduld aufbringen, denn häufig sind die Linien überfüllt und bewegen sich nur langsam durch den Stadtverkehr. Sie fahren täglich bis 24 Uhr, danach verkehren auf den wichtigsten Strecken stündlich **Nachtbusse.**

Die **Straßenbahnlinie 1** verbindet das Viertel Poggioreale mit dem Molo Beverello und führt an der Piazza Garibaldi vorbei und dann die Hafenstraße entlang. (**Achtung:** Bei Drucklegung war diese Linie nur eingeschränkt in Betrieb.)

Wirklich typisch neapolitanisch ist die **Funicolare:** Neapels großartige Schienenseilbahn. Von den Stationen Montesanto (Quartieri Spagnoli), Centrale (Via Toledo, Nähe Piazza Trieste e Trento) und Chiaia (Piazza Amadeo) geht es auf den Vomero. Die Funicolare Mergellina (Via Mergellina) erklimmt den Posillipo.

› Informationen zu Fahrtzeiten und Tickets: www.anm.it

Taxis

Neapel verfügt über **mehrere Taxikooperativen.** Die offiziellen Taxis sind weiß und tragen als Emblem das Stadtwappen.

Die **Grundgebühr** beträgt tagsüber 3,50 € und steigt dann entsprechend der gefahrenen Strecke – jedoch gibt es einen **Mindestumsatz** von 5 € und am Wochenende sogar 6,50 €.

Mein Tipp

Achtung Baustelle!

Bis voraussichtlich **Ende 2025** befindet sich das Nahverkehrsnetz Neapels im Umbau. Bus-, Straßenbahn- und Metrolinien werden erweitert, umbenannt und es werden teilweise neue Haltestellen angelegt. Dadurch kann es vielerorts zu Fahrplan-, Linien- und Streckenänderungen kommen.

Die im Buch gegebenen Informationen zum Öffentlichen Nahverkehr sind daher ohne Gewähr.

Wichtige Telefonnummern von Taxiunternehmen sind:

- **Radio Taxi Free,** Tel. 081 5515151
- **Radio Taxi Consortaxi,** Tel. 081 5525252
- **Radio Taxi La Partenope,** Tel. 081 5560202
- **Radio Taxi Napoli,** Tel. 081 5564444

Wetter und Reisezeit

In Neapel herrscht ein gemäßigt warmes Klima. Selbst im Winter fallen die Temperaturen fast nie unter den Gefrierpunkt. Die **durchschnittliche Tagestemperatur** liegt im Januar bei etwa 8 °C, im April bei etwa 15 °C, im Juli bei über 25 °C und im Oktober bei 18 °C. Unangenehm sind die **Regenfälle** im Frühjahr und Spätherbst, die teilweise zu sintflutartigen Überschwemmungen der Straßen führen. Dann können auch die Temperaturunterschiede zwischen Tag und Abend groß sein, weshalb es sich empfiehlt, eine Jacke mitzuführen.

Im Juli und August ist die **Hitze** in der Stadt nicht selten unerträglich, weshalb viele Menschen aus der Metropole ans Meer „flüchten", um sich Abkühlung zu verschaffen. Dies hat zwar den Vorteil, dass die Stadt ruhiger ist als sonst, leider haben entsprechend aber auch viele Geschäfte und Museen geschlossen.

Die **besten Reisezeiten** sind **Frühling** (März, April, Mai), **Spätsommer** und **Frühherbst** (September und Oktober), aber auch der **Dezember**, wenn es zu Hause gerade so richtig kalt geworden ist und man in Neapel mit etwas Glück auch schon mal einen Tag mit 20 Grad erwischen kann.

Durchschnitt	Wetter in Neapel											
Maximale Temperatur	12°	13°	15°	18°	22°	26°	29°	29°	26°	22°	17°	14°
Minimale Temperatur	4°	5°	6°	9°	12°	16°	18°	18°	16°	12°	9°	6°
Regentage	10	11	10	9	7	5	2	3	7	10	11	13
Wassertemperatur	14°	13°	14°	15°	18°	21°	24°	25°	23°	21°	18°	16°
	Jan	Febr	März	Apr	Mai	Juni	Juli	Aug	Sept	Okt	Nov	Dez

ANHANG

006nl Abb.: dk

Kleine Sprachhilfe Italienisch

Die Sprachhilfe entstammt den Kauderwelsch-Sprachführern **„Italienisch – Wort für Wort"** und **„Italienisch kulinarisch"** aus dem Reise Know-How Verlag.

Aussprache

Hier sind diejenigen Buchstaben(kombinationen) aufgeführt, deren Aussprache abweichend vom Deutschen ist bzw. sein kann.

ie, ai, eu	Doppellaute werden immer getrennt ausgesprochen, also „i-e", „a-i", „e-u".
c	wie „k" vor den Selbstlauten a, o, u; wie „tsch" in „Matsch" vor den Selbstlauten e, i
ch	wie „k"
g	wie „g" vor den Selbstlauten a, o, u; wie „dsch" in „Dschungel" vor den Selbstlauten e, i
gh	wie „g"
gli	wie „lj"
gn	wie „nj" in „Tanja"
h	stumm, wird nicht gesprochen
r	gerolltes Zungenspitzen-r
s	am Wortanfang immer stimmloses „s" wie in „Bus"; in der Wortmitte zwischen Selbstlauten stimmhaftes „s" wie in „Rose"
st	spitzes „st" wie in „Hast"
v	wie „v" in „Vase"
z	stimmhaftes „ds" wie in „Rundsaal"

Zahlen

0	*zero*
1	*uno*
2	*due*
3	*tre*
4	*quattro*
5	*cinque*
6	*sei*
7	*sette*
8	*otto*
9	*nove*
10	*dieci*
11	*undici*
12	*dodici*
13	*tredici*
14	*quattordici*
15	*quindici*
16	*sedici*
17	*diciassette*
18	*diciotto*
19	*diciannove*
20	*venti*
21	*ventuno*
22	*ventidue*
23	*ventitré*
24	*ventiquattro*
25	*venticinque*
26	*ventisei*
27	*ventisette*
28	*ventotto*
29	*ventinove*
30	*trenta*
40	*quaranta*
50	*cinquanta*
60	*sessanta*
70	*settanta*
80	*ottanta*
90	*novanta*
100	*cento*
200	*duecento*
300	*trecento*
400	*quattrocento*
500	*cinquecento*
600	*seicento*
700	*settecento*
800	*ottocento*
900	*novecento*
1000	*mille*
2000	*duemila*

Die wichtigsten Richtungsangaben

(a) sinistra	(nach) links
(a) destra	(nach) rechts
diritto	geradeaus
indietro	zurück
vicino	nah
lontano	weit

+++ Die wichtigsten Wörter mit dem Bonus-Audiotrack des Kauderwelsch-

qui, qua	hier	*tornare*	zurückgehen
lì, là	dort	*all'angolo*	an der Ecke
accanto	nebenan	*all'incrocio*	an der Kreuzung
di fronte	gegenüber	*al semaforo*	an der Ampel
davanti	vor, vorne	*in centro*	im Zentrum
svoltare	abbiegen	*fuori città*	außerhalb der Stadt

Die wichtigsten Fragewörter

chi?	wer?	*quando?*	wann?
che (cosa)?	was?	*perchè?*	warum?
come?	wie?	*quanto?*	wieviel?
dove?	wo(hin)?	*quanti/-e?*	wie viele?
di/da dove?	woher?	*quale?*	welche(r)?

Die wichtigsten Zeitangaben

oggi	heute	*a mezzogiorno*	mittags
domani	morgen	*di pomeriggio*	nachmittags
ieri	gestern	*di sera*	abends
adesso, ora	jetzt	*di notte*	nachts
subito	sofort	*lunedì*	Montag
sempre	immer	*martedì*	Dienstag
mai	nie	*mercoledì*	Mittwoch
ancora	schon	*giovedì*	Donnerstag
prima	vorher	*venerdì*	Freitag
dopo	nachher	*sabato*	Samstag
di mattina	morgens	*domenica*	Sonntag

Die wichtigsten Fragen und Bitten

Gibt es ...?	*C'è ...?*
Ich brauche ...	*Ho bisogno di ...*
Ich möchte / Ich will ...	*Vorrei ... / Voglio ...*
Geben Sie mir bitte ...	*Mi dia ..., per favore.*
Wo kann man ... kaufen?	*Dove si può comprare ...?*
Wie viel kostet ...?	*Quanto costa / viene ...?*
Wie viel kostet das?	*Quanto costa?*
Was ist das?	*Che cosa è questo?*
Wo ist / befindet sich ...?	*Dov'è ...?*
Ich möchte nach ... fahren	*Vorrei andare a ...*
Wie komme ich nach ...?	*Come faccio ad andare a ...?*
Wie viel kostet die Fahrt nach?	*Quanto costa il viaggio per ...?*
Ist das der Zug nach ...?	*È questo il treno per ...?*
Wann fährt der Bus nach ... ab?	*A che ora parte l'autobus per ...?*
Bringen Sie mich bitte zu / nach ... (im Taxi)	*Mi porti a ..., per favore.*

Die wichtigsten Floskeln und Redewendungen

ja - nein	*sì - no*
bitte (um etw. bitten)	*per favore*
Bitteschön! (anbieten)	*Prego!*
(Vielen) Dank!	*Grazie (tanto)!*
Keine Ursache!	*Di niente! / Non c'è di che!*
Guten Morgen / Tag!	*Buongiorno!*
Guten Abend!	*Buona sera!*
Herzlich willkommen!	*Benvenuto!/Benvenuta!*
Wie geht es dir / Ihnen?	*Come stai / sta?*
(Sehr) gut. - Schlecht.	*(Molto) bene. - Male.*
Auf Wiedersehen! (du/Sie)	*Arrivederci! / ArrivederLa!*
Hallo!, Tschüss!	*Ciao!*
Bis später! / Bis morgen!	*A più tardi! / A domani!*
In Ordnung!	*Va bene!, D'accordo!*
Ich weiß (es) nicht.	*Non (lo) so.*
Guten Appetit!	*Buon appetito!*
Zum Wohl!, Prost!	*Salute!, Cin cin!*
Die Rechnung, bitte!	*Il conto, per favore!*
Entschuldige/n Sie!	*Scusa! / Scusi!*
Es tut mir leid!	*Mi dispiace.*
Gestatten!, Darf ich?	*Permesso?*
(Sehr) gern!	*(Molto) volentieri!*
Sag / sagen Sie mir!	*Dimmi! / Mi dica!*
Helfen Sie mir bitte!	*Mi aiuti, per favore!*
Hilfe!	*Aiuto!*

Nichts verstanden? – Weiterlernen!

Ich spreche nicht gut Italienisch.	*Non parlo bene l'italiano.*
Ich möchte Italienisch lernen.	*Vorrei imparare l'italiano.*
Wie bitte?	*Come?*
Was haben Sie gesagt?	*Come ha detto?*
Ich habe nicht verstanden!	*Non ho capito!*
Sprechen Sie Englisch?	*Parla l'inglese?*
Wie sagt man auf Italienisch?	*Come si dice in italiano?*
... auf Deutsch	*... in tedesco*
... auf Englisch	*... in inglese*
... auf Französisch	*... in francese*
... auf Niederländisch	*... in olandese*
Wie spricht man dieses Wort aus?	*Come si pronuncia questa parola?*
Wiederholen Sie bitte!	*Ripeta, per favore!*
Können Sie bitte langsamer sprechen?	*Può parlare più lentamente, per favore?*
Können Sie mir das bitte aufschreiben?	*Me lo può scrivere, per favore?*

Im Restaurant bestellen

Können wir bitte die Speisekarte/ Getränkekarte haben?	*Possiamo avere il menù/la lista delle bevande, per favore?*
Wir möchten bitte bestellen.	*Vorremmo ordinare.*
Was können Sie uns empfehlen?	*Cosa ci consiglia?*
Was ist das Tagesgericht?	*Cos'è il piatto del giorno?*
Was sind die Spezialitäten der Gegend?	*Quali sono le specialità della regione?*
Ich nehme als Vorspeise/ersten Gang/ zweiten Gang ...	*Prendo come antipasto/primo piatto/ secondo piatto ...*
Die Rechnung, bitte.	*Il conto, per favore.*
Stimmt so, danke.	*Va bene così, grazie.*

Die wichtigsten Einkaufsfloskeln

Ich suche ...	*Cerco ...*
Haben Sie ...?	*Ha ...?*
Wo kann ich ... finden?	*Dove posso trovare ...?*
Gibt es hier einen Markt?	*C'è un mercato qui?*
Wo ist der nächste Supermarkt?	*Dov'è il supermercato più vicino?*
Könnten Sie mir bitte helfen?	*Mi potrebbe aiutare, per cortesia?*
Ich hätte gern ...	*Vorrei ...*
Geben Sie mir bitte ...	*Mi dà ..., per favore.*
Wie viel kostet das?	*Quanto costa?*
Wie viel kostet das Kilo?	*Quanto costa al chilo?*
Etwas weniger/mehr, bitte.	*Un po' di meno/più, per favore.*
Danke, das genügt.	*Basta così, grazie.*
Danke, das ist alles.	*Grazie, è tutto.*
Um wie viel Uhr öffnen/schließen Sie?	*A che ora apre/chiude?*

Die wichtigsten Begriffe im Restaurant

menù	Speisekarte	*antipasto*	Vorspeise
primo	erster Gang	*secondo*	zweiter Gang
dessert (m)	Nachspeise	*porzione (w)*	Portion
piatto del giorno	Tagesgericht	*lista delle bevande*	Getränkekarte
piatto	Teller	*tazza*	Tasse
vino	Wein	*birra*	Bier
acqua	Wasser	*pane (m)*	Brot
bottiglia	Flasche	*bicchiere (m)*	Glas
coperto	Gedeck	*posate*	Besteck
forchetta	Gabel	*coltello*	Messer
cucchiaio	Löffel	*minestra*	Suppe
carne (w)	Fleisch	*pesce (m)*	Fisch
frutta	Obst	*verdura*	Gemüse
contorno	Beilage	*insalata*	Salat

Register

Neapel mit PC, Smartphone & Co.

QR-Code auf dem Umschlag scannen oder **www.reise-know-how.de/citytrip/neapel23** eingeben und die **kostenlose Web-App** aufrufen (Internetverbindung zur Nutzung nötig)!

★ **Anzeige der Lage und Satellitenansicht aller** beschriebenen Sehenswürdigkeiten und touristisch wichtigen Orte
★ **Routenführung** vom aktuellen Standort zum gewünschten Ziel
★ **Exakter Verlauf** des empfohlenen Stadtspaziergangs
★ **Audiotrainer** der wichtigsten Wörter und Redewendungen
★ **Updates** nach Redaktionsschluss

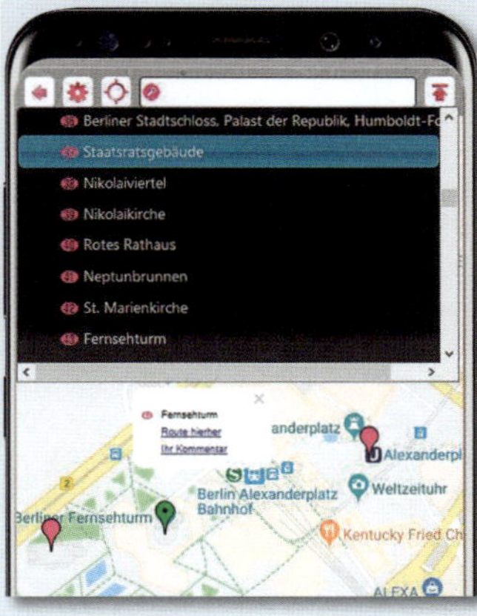

GPS-Daten zum Download

Die GPS-Daten aller Ortsmarken und des Spaziergangs können hier geladen werden: www.reise-know-how.de, dann das Buch aufrufen und zur Rubrik „Datenservice" scrollen.

Stadtplan für mobile Geräte

Um den Stadtplan auf Smartphones und Tablets nutzen zu können, empfehlen wir die App „Avenza Maps" der Firma Avenza™. Über die Funktion „Store" kann die „Citymap Naples 2023" kostenlos geladen und dann mit vielen Zusatzfunktionen genutzt werden.

Die Web-App und der Zugriff auf diese über QR-Codes sind eine freiwillige, kostenlose Zusatzleistung des Verlages. Der Verlag behält sich vor, die Bereitstellung des Angebotes und die Möglichkeit der Nutzung zeitlich und inhaltlich zu beschränken. Der Verlag übernimmt keine Garantie für das Funktionieren der Seiten und keine Haftung für Schäden, die aus dem Gebrauch der Seiten resultieren. Es besteht ferner kein Anspruch auf eine unbefristete Bereitstellung der Seiten.

Impressum

Daniel Krasa

CityTrip Neapel

6., neu bearbeitete und aktualisierte Auflage 2023

ISBN 978-3-8317-3631-7

Printed in Germany

Druck und Bindung:
mediaprint solutions GmbH, Paderborn

Herausgeber: Klaus Werner
Layout: amundo media GmbH (Umschlag, Inhalt), Peter Rump (Umschlag)
Lektorat: amundo media GmbH
Karten: Ingenieurbüro B. Spachmüller, amundo media GmbH
Anzeigenvertrieb: KV Kommunalverlag GmbH & Co. KG, Alte Landstraße 23, 85521 Ottobrunn, Tel. 089 928096-0, info@kommunal-verlag.de
Kontakt: Osnabrücker Str. 79, 33649 Bielefeld, info@reise-know-how.de

Alle Angaben in diesem Buch sind gewissenhaft geprüft. Preise, Öffnungszeiten usw. können sich jedoch schnell ändern. Für eventuelle Fehler übernehmen Verlag wie Autor keine Haftung.

Bildnachweis

Umschlagvorderseite: ©Sergii Figurnyi, stock.adobe.com | Umschlagrückseite: ©Pierre Violet, stock.adobe.com | Umschlagklappe rechts und S. 5: Daniel Krasa

Soweit ihre Namen nicht vollständig am Bild vermerkt sind, stehen die Kürzel an den Abbildungen für die folgenden Fotografen, Firmen und Einrichtungen. Daniel Krasa: dk | fotolia.com by Adobe: fo

Liste der Karteneinträge

Zeichenerklärung

- Arzt, Apotheke, Krankenhaus
- Bar, Bistro, Club, Treffpunkt
- Bibliothek
- Bed and Breakfast, Pension
- Café
- Denkmal
- Fischrestaurant
- Geschäft, Kaufhaus, Markt
- Hotel, Unterkunft, Apartments
- Imbiss
- Informationsstelle
- Jugendherberge, Hostel
- Kirche
- Museum
- Musikszene, Disco
- Parken
- Post
- Polizei
- Restaurant
- ★ Sehenswürdigkeit
- Sport-/Spieleinrichtung
- • Sonstiges
- Theater
- Weinlokal

- Metro
- Funicolare

- Stadtspaziergang (s. S. 12)

- Shoppingareal
- Gastro- und Nightlife-Areal

Hier nicht aufgeführte Nummern liegen außerhalb der abgebildeten Karten. Ihre Lage kann aber wie die von allen Ortsmarken im Buch mithilfe der Web-App angezeigt werden (s. S. 138).

COMUNE DI NAPOLI

Mappa della rete integra

Rapid transit network map of Naples

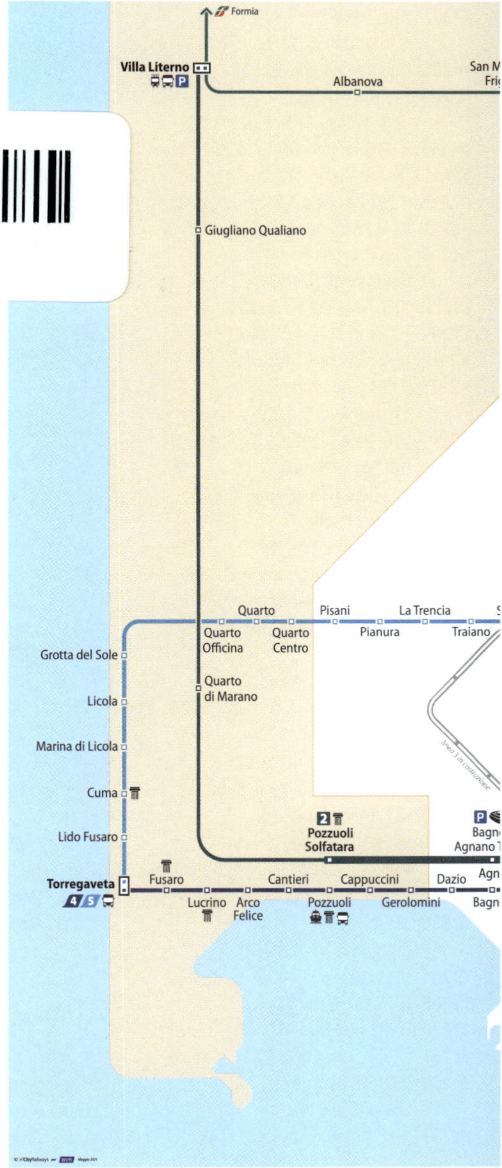

legenda
key

contact center
Numero Verde 800-639525

visitate *visit* **www.anm.it**

anm napoli

linee metropolitane
metro line

linea 1 Piscinola Scampia-Garibaldi
linea 1 Garibaldi-Aeroporto (in costruzione)
linea 6 Municipio-Mostra (in costruzione)
linea 2 Pozzuoli Solfatara-S.Giovanni Barra
linea Arcobaleno Piscinola Scampia-Aversa
linea Arcobaleno Aeroporto-Piscinola Scampia (in costruzione)

linee funicolari
funicular

Centrale Fuga-Augusteo
Di Chiaia Cimarosa-Parco
Di Montesanto Montesanto-M
Di Mergellina Mergellina-Ma